臺灣歷史與文化 研究輯刊

十五編

第 18 冊

明鄭至日治時期古典詩中的
臺南地區書寫(下)

謝淑容 著

花木蘭文化事業有限公司

國家圖書館出版品預行編目資料

明鄭至日治時期古典詩中的臺南地區書寫（下）／謝淑容 著 ─
初版 ─ 新北市：花木蘭文化事業有限公司，2019〔民 108〕
目 6+152 面；19×26 公分
（臺灣歷史與文化研究輯刊十五編；第 18 冊）
ISBN 978-986-485-620-6（精裝）
1. 臺灣詩 2. 詩評
733.08   108000397

ISBN-978-986-485-620-6

9 789864 856206

臺灣歷史與文化研究輯刊
十五編　第十八冊   ISBN：978-986-485-620-6

明鄭至日治時期古典詩中的臺南地區書寫（下）

作　　者　謝淑容
總 編 輯　杜潔祥
副總編輯　楊嘉樂
編　　輯　許郁翎、王筑　美術編輯　陳逸婷
出　　版　花木蘭文化事業有限公司
發 行 人　高小娟
聯絡地址　235 新北市中和區中安街七二號十三樓
　　　　　電話：02-2923-1455／傳真：02-2923-1452
網　　址　http://www.huamulan.tw 信箱 hml810518@gmail.com
印　　刷　普羅文化出版廣告事業
初　　版　2019 年 3 月
全書字數　468187 字
定　　價　十五編 25 冊（精裝）台幣 60,000 元

明鄭至日治時期古典詩中的
臺南地區書寫（下）

謝淑容 著

目 次

下　冊

第九章　習俗的書寫

第一節　歲時節令的習俗

　　自明鄭至清朝將臺灣府移往中、北部之前,「臺灣」是以臺南地區爲核心的專有名詞。〔註1〕而此時的臺南在清領時期的年節習俗,大致上與大陸內地沒有什麼太大差異,如《臺灣志略》所述如下:

> 居臺灣者,皆內地人,故風俗與內地無異。正月元日,慶新歲;上元,燈節;二月,春社;清明,掃墳墓;端午,戲龍舟,懸蒲、艾祓除;七月七夕,乞巧結緣;十五日,做盂蘭會;八月,秋社;九月九日,登高,放紙鳶;冬至,餉米團;十二月二十四日,祭灶送神;卒歲,臘先祖及諸神祠:皆與內地無異。昏喪沿俗禮,以貧富爲豐歉,悉類內地。〔註2〕

如上文所述,自正月初一至除夕,大致上的年節習俗,皆與內地相同。

　　然而在日治時期,連橫《臺灣詩乘》卻說:「臺灣風物頗異中土,閱今二百餘年,輿圖雖改,伏臘依然」〔註3〕,因爲臺灣風俗、物產與中土內地有所差別,雖然經過政權移易,在年節上依然有所差易,在此,從古典詩中對臺灣地區習俗節令的書寫,舉要分述之。

〔註1〕　參見註2。
〔註2〕　李元春:《臺灣志略・風俗》,臺灣文獻叢刊,第一八種,卷一,頁35～36。
〔註3〕　連橫:《臺灣詩乘》,臺灣文獻叢刊,第六四種,卷二,頁84。

圖 60　〈南市龍舟賽登場　安平運河尬船〉,《大紀元》,上網日期:20150630,網址:
http://www.epochtimes.com/b5/12/6/23/n3619493.htm%E5%8D%97%E5%B8
%82%E9%BE%8D%E8%88%9F%E8%B3%BD%E7%99%BB%E5%A0%B
4--%E5%AE%89%E5%B9%B3%E9%81%8B%E6%B2%B3%E5%B0%AC
%E8%88%B9.html。

圖 61　〈七夕嘉年華台南做十六歲　2011 年〉,上網日期:20150630,
網址:http://mypaper.pchome.com.tw/coolanews/post/1322357266。

圖 62　〈做十六歲牲醴模型，在大億麗緻飯店大廳展示。翻攝畫面 2013 年〉，
　　　　上網日期：20150630，網址：http://www.appledaily.com.tw/realtimenews/
　　　　article/new/20130805/237376/。

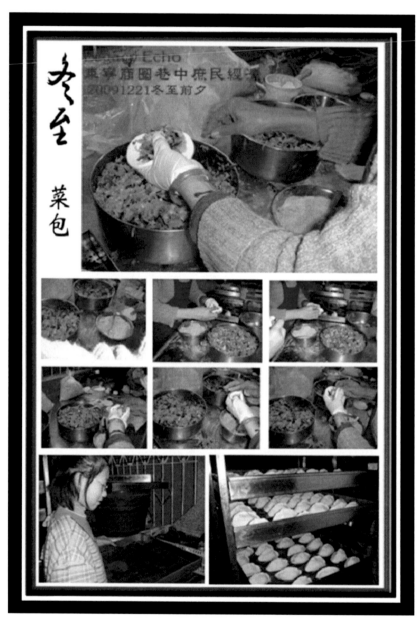

圖 63 〈台南市東寧商圈小巷中的庶民經濟——菜包 2009 年〉，上網日期：
20150630，網址：http://legacyecho.pixnet.net/blog/post/30074147-%E5%
8F%B0%E5%8D%97%E5%B8%82%E6%9D%B1%E5%AF%A7%E5%9
5%86%E5%9C%88%E5%B0%8F%E5%B7%B7%E4%B8%AD%E7%9A
%84%E5%BA%B6%E6%B0%91%E7%B6%93%E6%BF%9F---%E8%8
F%9C%E5%8C%85。

一、正月十五

　　元宵節時，臺南習俗有未嫁女偷折花枝竹葉的行為。《重修臺灣府志》有記載如下：

> 上元節，未字之女偷折人家花枝竹葉，為人詬詈，謂異日必得佳婿；
> 平民有毀傷他家牆垣或竊豕槽、雞欄，辱及父母，亦謂一年大利。街
> 頭花燈簫鼓，鎮夜喧鬧；至二十五、六日方罷。（赤嵌筆談）。〔註4〕

《東瀛識略》亦有相類似的記載，並提及此與江浙婦女走三橋、京都新嫁娘摸城門釘及宋、金、遼時元月十六不禁偷竊的放偷風俗相似：

> 府志云，上元節，未字之女偷折人家花枝竹葉，為人詬詈，謂異日
> 必得佳□；平民則毀傷他家牆垣，或竊豕槽、雞欄，辱及父母，亦
> 謂一年大利。此與江浙婦女走三橋、京都新嫁娘摸城門釘、遼時放
> 偷之風頗相類。〔註5〕

鄭大樞（？～？），為清康熙六十年（1721）例貢，亦有〈風物吟〉，描述臺南元月十五的習俗：

十一首之一

> 迎年紅紫鬥春風，四季花開浥露叢（作者註：「臺地氣暖，正月梅、
> 桃、蓮、菊有見齊開者。」）。未字女兒休折採，王昌只在此牆東。（作
> 者註：「成句。臺俗元夜，未字女兒偷折花枝，為人詬罵，云將來可
> 佳婿。」）〔註6〕

「迎年紅紫鬥春風，四季花開浥露叢」二句書寫臺南地區氣候的特殊，因為氣候溫暖，所以在正月時梅花、桃花、蓮花及菊花共同盛開。「未字女兒休折採，王昌只在此牆東」二句中，作者提醒未字的女兒不要摘花，因為如魏晉時王昌那樣俊美的男子就在牆的另一邊。詩人將臺灣元宵節夜晚的習俗：尚未許配的女兒偷折花枝，以得到別人詬罵，認為這樣自己在未來將擁有美好婚姻，寫入詩中，相當有趣。鄭大樞又有一首與元宵時的活動有關之詩：

〔註4〕　范咸：《重修臺灣府志・風俗（一）・歲時》，臺灣文獻叢刊，第一〇五種，卷十三，頁402。

〔註5〕　丁紹儀：《東瀛識略・學校・習尚・習尚》，臺灣文獻叢刊，第二種，卷三，頁36。

〔註6〕　鄭大樞：〈風物吟〉，《續修臺灣府志・藝文（七）・詩（四）・風物吟・鄭大樞》，臺灣文獻叢刊，第一二一種，卷二十六，頁983。

十一首之二

花鼓俳優鬧上元（作者註：「優童皆留頂髮，粧扮生旦，演唱夜戲。

臺上爭丟目采，郡人多銀錢、玩物拋之為快，名曰『花鼓戲』。」），

管絃嘈雜並銷魂。燈如飛蓋歌如沸（作者註：「製紙燈如飛蓋，簫鼓

前導，謂之『鬧傘燈』。」），半面佳人恰倚門。〔註7〕

此詩呈現了臺南地區上元夜的狂歡場景。當時有演唱夜戲的活動，時人多將
銀錢、玩物拋上舞臺，叫做「花鼓戲」。在歌舞音樂的熱鬧聲中，當天夜裡必
須有如飛蓋的紙燈來應景，此時亦常見臺南地區的女子半遮面的倚門看熱
鬧。

　　錢琦（1704～？），乾隆16年（1751）2月任巡臺御史，有〈臺灣竹枝詞〉
亦有論及元宵時女兒偷折花枝之事：

二十首之十一

行來多露畏難禁，要竊花枝過短林。為語花陰犬莫吠，儂家自有惜花

心（作者註：「元夜女兒約伴偷折花枝，謂異日可得佳婿。」）〔註8〕

此詩作者乃以女兒的心思來描摹，相當有趣。首二句「行來多露畏難禁，要
竊花枝過短林」表達女兒要偷折花枝的行徑相當生動。三、四句「為語花陰
犬莫吠，儂家自有惜花心」則是以女子的口吻拜託看花的狗兒可千萬別吠，
因為自己是有原因（因為想要嫁得好夫婿，能夠疼惜自己）才會做這樣的事。

　　日治時期，元宵時節仍有燈會，趙鍾麒（1863～1936）有〈元宵燈〉：

春風和煦夜遊歡，襯市銀花壯大觀。鰲頂遙懸星點眼，蟾□相映月

團團。瑤臺玉宇光應滿，火樹金燈氣不寒。我愛青藜舊書味，魚龍

百戲讓人看。〔註9〕

趙鍾麒此時著重書寫元宵燈火的輝煌、多樣，有鰲、蟾蜍等造型，將整個城
市夜晚妝點的熱鬧非凡，猶如不夜之城。但作者仍風雅地提出自己比較喜歡

〔註7〕 鄭大樞：〈風物吟〉，《續修臺灣府志‧藝文（七）‧詩（四）‧風物吟‧鄭大樞》，
　　　　臺灣文獻叢刊，第一二一種，卷二十六，頁983。

〔註8〕 錢琦：〈臺灣竹枝詞〉，《全臺詩——智慧型全臺詩知識庫》，上網日期：
　　　　20141102，網址：http://xdcm.nmtl.gov.tw/twp/b/b02.htm。此詩收於袁行雲《清
　　　　人詩集敘錄》。

〔註9〕 趙鍾麒：〈元宵燈〉，《全臺詩——智慧型全臺詩知識庫》，上網日期：20141102，
　　　　網址：http://xdcm.nmtl.gov.tw/twp/b/b02.htm。此詩收於《臺南新報》，「詩壇」
　　　　欄，臺南市五社聯吟會春季招待諸吟社社友擊缽錄首唱，1932年2月27日，
　　　　第八版。

可以照明的燈燭就好，魚龍百戲等熱鬧的節目就讓給其他人觀賞吧。

　　蔡佩香（1867～1925）臺南市安平人於 1923 年有〈走馬燈〉六首，乃是針對元宵燈會之作，在此舉其中四首分述：

> 舊曆正月十五即為上元，曰燈節日。臺俗慣例值上元夜，兒童娛樂燈球，婦女聯袂遊春。無論漢人以及粵籍，此風相同。究其意味，取國泰民安之瑞氣焉。然燈球不止一種，形體有各樣，製造亦有各異。雖然均係以紙竹作成諸等物，無奇不有。如走馬燈，最惹人注意，懸於壁上，內中藉火光之力，紙製器械，旋轉不休，千軍萬馬，滾滾範圍內，與活動寫真，大略相似。是夜觀感不已，偶吟絕句數則，以祝良夜云。

其一

> 上元燈節滿春城，滾滾星球鬧到明。一盞飛輪光照地，千軍萬馬過長更。〔註10〕

詩中書寫了上元時燈節的熱鬧氣氛，活動通宵達旦。其中以走馬燈最吸引人目光，紙製器械如同飛輪光耀大地，也像千軍萬馬地氣勢，給予人視覺上的震撼感受。

其二

> 燈光如畫紙如城，擁出旌旗十萬兵。詎是火攻塵赤壁，有誰暗渡又無聲。〔註11〕

詩中敘述，在上元節燈籠的光芒將夜晚妝點得如同白晝，如同有十萬大兵出馬攻城，讓人不禁想起赤壁之戰時火攻的情形，誰在悄無聲息的暗渡陳倉呢？

其三

> 樓臺蜃氣火崢嶸，幻出空花照眼明。欲脫重圍猶未得，往來駿足任縱橫。〔註12〕

〔註10〕蔡佩香：〈走馬燈〉，《全臺詩——智慧型全臺詩知識庫》，上網日期：20141102，網址：http://xdcm.nmtl.gov.tw/twp/b/b02.htm。此詩收於《臺南新報》，「詩壇」欄，1923 年 3 月 10 日，第五版。

〔註11〕蔡佩香：〈走馬燈〉，《全臺詩——智慧型全臺詩知識庫》，上網日期：20141102，網址：http://xdcm.nmtl.gov.tw/twp/b/b02.htm。此詩收於《臺南新報》，「詩壇」欄，1923 年 3 月 10 日，第五版。

〔註12〕蔡佩香：〈走馬燈〉，《全臺詩——智慧型全臺詩知識庫》，上網日期：20141102，網址：http://xdcm.nmtl.gov.tw/twp/b/b02.htm。此詩收於《臺南新報》，「詩壇」

「樓臺蜃氣火崢嶸，幻出空花照眼明」二句書寫上元燈球雖爲紙製器械，但其旋轉不休，所營造出來的樓閣，猶如海市蜃樓般的奇幻，在火光崢嶸之中，幻化出各種眩人眼目的場景。「欲脫重圍猶未得，往來駿足任縱橫」二句書寫日治時期，臺南的元宵節賞燈活動熱鬧非凡：其中往來駐足觀賞的人潮眾多，使得詩人在人潮之中難以脫身，最後只好隨著人潮任意縱橫而過。

其四

有機可引快飛騰，不藉燈光化不成。剪紙作人竹作骨，鐵條如網護
軍行。〔註13〕

此詩爲描寫燈球的神奇之處。其中有人造的機關，使得它可以快速旋轉，再加上燈光的效果，使得它的視覺上的刺激可以達到最大的效果。另外，以竹子當作骨幹，並剪紙做人；再輔以鐵條製作成網狀做爲保護的框架。

林逢春（1868～1936）在 1933 年有〈臺灣節序故事雜詠　上元之浮圓子〉，紀錄臺南地區在元宵節吃湯圓的習俗：

一年佳節紀今朝，萬戶煙浮滾滾漂。愛取團圓妻子樂，相邀會食慶
良宵。〔註14〕

此詩書寫元宵時的應景食物——元宵。「萬戶煙浮滾滾漂」之句意謂：家家戶戶都會「浮圓子」。「愛取團圓妻子樂，相邀會食慶良宵」二句書寫：湯圓代表著團團圓圓、美美滿滿的寓意，所以臺南地區的人都會互相邀約吃浮圓子以歡慶美好的元宵節。

二、三月三

農曆三月三日是臺南地區的人民祭祀祖先的日子，鄭大樞〈風物吟〉中有關詩句：

欄，1923 年 3 月 10 日，第五版。

〔註13〕蔡佩香：〈走馬燈〉，《全臺詩——智慧型全臺詩知識庫》，上網日期：20141102，網址：http://xdcm.nmtl.gov.tw/twp/b/b02.htm。此詩收於《臺南新報》，「詩壇」欄，1923 年 3 月 10 日，第五版。

〔註14〕林逢春：〈臺灣節序故事雜詠　上元之浮圓子〉，《全臺詩——智慧型全臺詩知識庫》，上網日期：20141102，網址：http://xdcm.nmtl.gov.tw/twp/b/b02.htm。此詩收於《三六九小報》第二百六十五、二百六十六號，1933 年 2 月 26、3 月 1 日，又載盧嘉興〈林珠浦先生之節序雜詠及臺南舊街名對〉。

十一首之二

宜雨宜晴三月三，糖漿草粿祀先龕。鳳頭龍尾衣衫擺，踏遍郊□酒

已酣。（三日節，搗鼠麴草合米粉爲粿以祀祖先；褲出衫外曰龍擺尾，

襪不繫帶曰鳳點頭）。〔註15〕

臺灣在農曆三月三日祭祀祖先的習俗，而且要拜「草粿」——以鼠麴草合米
粉祭祀。有趣的事，他們的衣著頗負特色——鳳頭、龍尾，而且在郊外祭祖
之後，往往喝酒，喝得盡興爲止。

上述的詩句中紀錄著在農曆三月三日可以臺南地區的人民身著「鳳頭龍
尾」的服飾在街上大步來往，《東瀛識略》也有相關的敘述，如下：

臺俗華侈相尚。……臺人亦纏首，多易以藍黑縐紗，長丈餘，環繞

五、六匝以爲美觀；有時著襪不繫帶，任其脫覆足面，曰鳳點頭，

然未晚即除，性不耐也。男子短衣每過膝，襟多直下曰蘇裙，其實

蘇人之衣不爾。領則不論頸之肥瘦，多上圓下尖，半露其胸，曰瓜

子領。褲之露於衫外者，寬長約尺有半，曰龍擺尾。〔註16〕

所謂「鳳點頭」是指穿襪子時沒有把帶子綁好，任由它脫覆足面。而「龍擺
尾」則是指褲子露於衣衫之外，寬長約有一尺半。如此衣著，在宦遊詩人的
眼中，實屬不倫不類，因而對此多所記錄、批評。

錢琦（1704～？）在〈臺灣竹枝詞〉中有提及臺南地區在清明時節的活
動：

二十首之十三

提壺挈榼坐平沙，恣意春遊到日斜。滿路紙灰飛不盡，晚風吹上刺

桐花（清明祭墓，每延客同行。壺漿輿步，絡繹郊原。祭畢，藉盃，

遞爲酬勸，日暮乃散。）〔註17〕

臺地清明時掃墓，常常會看到臺南的民眾邀請客人同行，帶著酒，一同在郊
外散步。祭祀完畢時，就開始互相勸酒，直到太陽西下，才解散回家。此時

〔註15〕 鄭大樞：〈風物吟〉，《續修臺灣府志·藝文（七）·詩（四）·風物吟·鄭大樞》，
臺灣文獻叢刊，第一二一種，卷二十六，頁983。

〔註16〕 丁紹儀：《東瀛識略·學校·習尚·習尚》，臺灣文獻叢刊，第二種，卷三，
頁34。

〔註17〕 錢琦：〈臺灣竹枝詞〉，《全臺詩——智慧型全臺詩知識庫》，上網日期：
20141102，網址：http://xdcm.nmtl.gov.tw/twp/b/b02.htm。此詩收於袁行雲《清
人詩集敘錄》。

路上滿是紙灰，到了晚上，風一吹，紙灰往往飛上刺桐花上，形成臺南地區特有景觀。

　　日治時期，林逢春（1868～1936）有〈臺灣節序故事雜詠　清明之薄餅〉，紀錄臺南的民眾在此時的應景食物——薄餅：

> 何物清明祭掃紛，盤堆薄薄餅啖芬。獻餘未許齊人乞，捲起佳肴遺
>
> 細君。〔註18〕

詩中敘述臺南地區在清明祭祀祖先時，必定準備薄餅。等到祭祀結束之後，會將它帶回家，給妾室享用。薄餅是春餅的一種，目前在臺灣地區還有在清明時還有吃潤餅的習俗：

> 台灣的春卷，俗稱「潤餅」，又稱「嫩餅菜」，是一種比春捲更爲古老
>
> 的吃法。「潤餅」並不像春捲那樣油炸才能食用，福建和臺灣一帶的
>
> 家庭再新年和尾牙以及清明節時會以潤餅皮此來祭祀祖先，之後家族
>
> 成員圍據一桌，桌上擺上各式煮熟青菜（包含五辛在內）以及蛋皮白
>
> 肉等等菜色，食用者挑選自己喜愛菜色加上花生粉和糖粉以潤餅皮包
>
> 裹後食用，是屬於福建台灣一帶家族聚會的重要飲食。〔註19〕

食用潤餅時，可以挑選自己喜愛的菜色，再加上花生粉和糖粉，以潤餅皮包裹後食用。

三、五月五日

　　農曆五月五日是端午節，臺南地區亦有慶端午的風俗，鄭大樞〈風物吟〉有記載端午時的活動：

十一首之三

> 海港龍舟奪錦標，纏頭三五錯呼么。行看對對番童子，嘴裏彈琴鼻
>
> 裏簫。（臺多漳、泉人，怯海風，以黑布纏頭，到處聚賭，盛會尤甚。
>
> 番童以竹爲弓，長四寸，虛其中二寸許，釘以銅片，另繫以小柄，

〔註18〕林逢春：〈臺灣節序故事雜詠　清明之薄餅〉，《全臺詩——智慧型全臺詩知識庫》，上網日期：20141102，網址：http://xdcm.nmtl.gov.tw/twp/b/b02.htm。此詩收於《三六九小報》第二百六十五、二百六十六號，1933 年 2 月 26 日、3 月 1 日，又載盧嘉興〈林珠浦先生之節序雜詠及臺南舊街名對〉。

〔註19〕〈清明節吃潤餅的由來〉，《西城時報》，上網日期：20150630，網址：http://www.seattlechinesetimes.com/2009-09-02-04-33-29/2009-08-01-17-53-07/26-2009-09-03-07-20-17/13677-2013-04-05-18-38-15。

以手爲往復而唇鼓動之；簫長二尺，截竹四空，通小孔於竹節之首，

以鼻橫吹之）。〔註20〕

詩中充滿著視覺畫面及聽覺的刺激。「海港龍舟奪錦標，纏頭三五錯呼么」二句書寫在海港中可以看到龍舟比賽奪錦標的盛況，還有許多人在旁邊呼喝著賭彩。「行看對對番童子，嘴裏彈琴鼻裏簫」二句敘述：原住民兒童在此時也會來湊熱鬧，口裡吹著琴，鼻子橫吹簫的吹奏歡快的樂音。

錢琦有〈臺灣竹枝詞〉論及臺南五月五日的習俗活動：

二十首之十四

競渡齊登杉板船，布標懸處捷爭先。歸來落日斜簷下，笑指榕枝艾

葉鮮（作者註：「午日用布爲標，插於海口淺處，人駕杉板，小船鳴

金爭奪，號競渡。簷下各插榕艾等葉。」〔註21〕

「競渡齊登杉板船，布標懸處捷爭先」二句書寫競渡之時大家都登上杉板船來爭先。而「歸來落日斜簷下，笑指榕枝艾葉鮮」三、四句則是書寫在五月五當天家家戶戶簷下都會插著榕枝、艾葉來趨吉避凶。

日治時期，臺南詩人謝維巖（1879～1921）有端午節觀龍舟之詩，如〈安平觀競渡〉：

安平渡口見龍舟，前代江河水尚流。日暮畫船簫鼓散，寒潮捲起鹿

門秋。〔註22〕

詩人在詩作中透露了懷古之情。同樣的安平渡口，同樣的端午佳節，同樣的龍船競渡，而前朝的遺留下的山河亦如以往。在龍船競渡結束的日暮時分，簫鼓喧鬧聲已散去，只留下鹿耳門的潮水依舊波瀾洶湧地捲起千堆霜雪。

林逢春（1868～1936）亦有古典詩書寫端午節必吃的粽子，如〈臺灣節序故事雜詠 端午之肉粽〉：

〔註20〕 鄭大樞：〈風物吟〉，《續修臺灣府志·藝文（七）·詩（四）·風物吟·鄭大樞》，臺灣文獻叢刊，第一二一種，卷二十六，頁983。

〔註21〕 鄭大樞：〈風物吟〉，《全臺詩——智慧型全臺詩知識庫》，上網日期：20141102，網址：http://xdcm.nmtl.gov.tw/twp/b/b02.htm。此詩收於袁行雲《清人詩集敘錄》。

〔註22〕 謝維巖：〈安平觀競渡〉，《全臺詩——智慧型全臺詩知識庫》，上網日期：20141102，網址：http://xdcm.nmtl.gov.tw/twp/b/b02.htm。此詩收於盧嘉興〈清末遺儒臺南謝氏昆仲文武秀才〉，《臺灣古典文學作家論集》中冊，臺南市文化中心出版。

舟人繫粽擲江中，痛惜英魂弔屈忠。角黍即今翻肉黍，究將饕餮飽
私躬。〔註23〕

古代將黏黍用箬葉或蘆葦葉等裹住蒸煮使熟，狀如三角，而將之投入江中，
表示對屈原的憑弔。「角黍即今翻肉黍，究將饕餮飽私躬」二句詩人幽默地表
示：現今多以肉裹覆，所以到最後應是大家自己飽餐一頓吧。

四、六月一

康熙年間的《臺灣府志》中有記載六月一日作「半年丸」的習俗，如下：

六月一日，各家以米粉塗紅爲丸供神，俗呼爲「半年丸」；亦頌禱團
圓之意。〔註24〕

在六月初一日，家家戶戶會把米粉做成丸子的形狀，並將它塗紅，稱爲「半
年丸」，其中，也有祈禱能夠全家團圓的意味。

鄭大樞〈風物吟〉有提及臺灣在農曆六月初一日會有作「半年」的習俗：

十一首之四

六月家家作半年，紅團糖餡大於錢。嬌兒癡女頻歡樂，金鼓丁冬鬧
暑天。（六月朔，以紅麴雜於米粉搓之爲丸，日半年丸。街坊金鼓喧
鬧如新年）。〔註25〕

「六月家家作半年，紅團糖餡大於錢」二句表達在臺灣農曆六月初一時，家
家戶戶會作半年節，那時會以紅麴摻雜米粉，搓成丸狀，裡面是糖餡，所以
深受小孩喜愛。大街上也會有鑼鼓喧鬧聲，將暑夏鼓鬧地如同新年一般歡樂。

錢琦（1704～？）在〈臺灣竹枝詞〉中亦有提及臺南人民在六月初一的
活動：

二十首之十五

不須海上尋瑤草，不用山中煉寶丹。春得早禾紅麴染，家家齊製半

〔註23〕 林逢春：〈臺灣節序故事雜詠　端午之肉粽〉，《全臺詩——智慧型全臺詩知識
庫》，上網日期：20141102，網址：http://xdcm.nmtl.gov.tw/twp/b/b02.htm。此
詩收於《三六九小報》第二百六十五、二百六十六號，1933 年 2 月 26、3 月
1 日，又載盧嘉興〈林珠浦先生之節序雜詠及臺南舊街名對〉。

〔註24〕 高拱乾：《臺灣府志‧風土志‧歲時》，臺灣文獻叢刊，第六五種，卷七，頁
191。

〔註25〕 鄭大樞：〈風物吟〉，《續修臺灣府志‧藝文（七）‧詩（四）‧風物吟‧鄭大樞》，
臺灣文獻叢刊，第一二一種，卷二十六，頁 983。

年丸（六月朔日，家各雜紅麴於米粉爲丸，名曰半年丸。服之可以益壽。）〔註26〕

詩人此詩書寫臺地六月初一作半年丸的習俗，他說：「不必到海上尋找仙草，也不用到山中煉製仙注，想要延年益壽，就在六月初一的時候，吃著用紅麴和米粉所作成的半年丸，就足夠了。」

不過「作半年」的習俗，在光緒 20 年時《雲林縣采訪冊》中有記載近年已經較少看到，如下：

六月初一日，以米粉爲丸祀神，取團圓之意；日半年丸。此俗今少。〔註27〕

在臺南方志中，連橫的《臺灣通史》有相關的記載：

六月初一日，人家以米丸祀祖，謂之半年丸；或以望日行之。〔註28〕

由「或以望日行之」記錄來看，六月初一日作半年丸的習俗有所變遷，意謂著此類的習俗已較不受重視。

五、七月七

鄭大樞〈風物吟〉書寫臺地七夕的風俗：

十一首之五

今宵牛女度佳期，海外曾無鵲踏枝。屠狗祭魁成底事，結緣煮豆始何時？（七夕，士子殺狗首以祭魁星，或煮豆和糖相贈，謂之結緣）〔註29〕

「今宵牛女度佳期，海外曾無鵲踏枝」二句書寫本地習俗與中土相異：七夕晚上爲牛郎、織女一年一度相會的佳節，然而臺南地區並沒有著重二者相會的風俗。因爲七月初七日爲魁星的生辰，讀書人爲了能讀書順利，相當重視

〔註26〕 錢琦：〈臺灣竹枝詞〉，《全臺詩——智慧型全臺詩知識庫》，上網日期：20141102，網址：http://xdcm.nmtl.gov.tw/twp/b/b02.htm。此詩收於袁行雲《清人詩集敘錄》。

〔註27〕 倪贊元：《雲林縣采訪冊·斗六堡·風俗·歲時》，臺灣文獻叢刊，第三七種，頁 25。

〔註28〕 連橫：《臺灣通史·風俗志·歲時》，臺灣文獻叢刊，第一二八種，卷二十三，頁 600。

〔註29〕 鄭大樞：〈風物吟〉，《續修臺灣府志·藝文（七）·詩（四）·風物吟·鄭大樞》，臺灣文獻叢刊，第一二一種，卷二十六，頁 983。

祭拜魁星的禮俗。在鄭大樞的書寫中，祭魁星是必須殺狗，取頭來祭祀。另外在七夕當晚有煮豆和糖水，互相贈送，稱之爲「結緣豆」。在《安平縣雜記》中亦有「魁星誕」的記載：

> 又士子以七月七日爲魁星誕，多於是夜爲魁星會。各塾學徒競鳩資備祭品以祀，亦有演戲者，歡飲竟夕，村塾尤甚。是日，各塾放假，學徒仍呈節敬於塾師。〔註30〕

當天夜裡爲魁星會，各個學塾都會準備祭品祭祝魁星，當夜亦有戲班在表演，因整個晚上大家都在歡樂暢飲。且七月七日當天學塾放假，學徒們都會獻上禮金、禮物給自己的老師。另外《東瀛識略》亦有敘及七夕當晚爲魁星生辰之事，如下：

> 臺地物產豐饒，各處貨物駢集，士、農而外，商賈爲盛，工値尤昂。……以七月七日爲魁星生辰，羅陳牲醴，祭畢劇飲，曰魁星會。婦女是夕設香花、□品、鴨卵七枚於庭，以祀織女，曰乞巧會。〔註31〕

由上述可知，士子拜魁星，婦女則是拜織女，稱爲「乞巧會」。

詩人張湄（？～？），乾隆6年（1741）四月十二日由翰林院遷巡臺御史，亦有〈七夕〉：

> 露重風輕七夕涼，魁星高讌共稱觴。幽窗還聽喁喁語，花果香燈祝七娘（作者註：「七夕，家家設牲醴、果品、花粉之屬，夜向簷前祭獻，祝壽。或曰魁星於是日生，士子爲魁星會，竟夕歡飲，村塾尤盛。」）〔註32〕

張湄〈七夕〉詩中書寫了士子慶祝魁星宴會外，亦描繪了女子拜織女（七娘媽）的習俗。拜七娘媽，需要準備牲醴、果品、花粉之類，在晚上向屋簷前面祭拜祝壽。《安平縣雜記》亦有記錄：

> 七月七日，名曰七夕，人家多備瓜□、糕餅以供織女（稱曰「七娘

〔註30〕 不著撰人：《安平縣雜記・節令》，臺灣文獻叢刊，第五二種，頁5。

〔註31〕 丁紹儀：《東瀛識略・學校　習尚・習尚》，臺灣文獻叢刊，第二種，卷三，頁32。

〔註32〕 張湄：〈七夕〉，《全臺詩——智慧型全臺詩知識庫》，上網日期：20141102，網址：http://xdcm.nmtl.gov.tw/twp/b/b02.htm。以《柳漁詩鈔》爲底本。此詩收於孫爾準《重纂福建通志臺灣府》〈風俗〉，又載范咸《重修臺灣府志》〈藝文〉、王瑛曾《重修鳳山縣志》〈藝文〉、余文儀《續修臺灣府志》〈藝文〉、盧德嘉《鳳山縣采訪冊》〈藝文〉、董天工《臺海見聞錄》、賴子清《臺灣詩海》、彭國棟《廣臺灣詩乘》、陳漢光《臺灣詩錄》。

媽」)。有子年十六歲者,必於是年買紙糊彩亭一座,名曰「七娘亭」。
備花粉、香果、酒醴、三牲、鴨蛋七枚、飯一碗,於七夕晚間,命
道士祭獻,名曰「出婆姐」。言其長成不須乳養也。俗傳:男女幼時,
均有婆姐保護。婆姐,臨水宮夫人之女婢也。臨水宮夫人,陳姓,
名進姑,福州陳昌女。生於唐大歷二年。嫁劉杞。孕數月,脫胎祈
雨。卒年二十有四。訣云:「吾死後必爲神,救人產難」。以故臺南
亦奉祀甚虔。廟在今之東安坊山仔尾旁。列泥塑三十六婆姐像。有
初生子女者,多到廟虔請婆姐回家供祀。子女長大,然後送回。故
雖有泥塑三十六像,無一存在,廟中僅存留壁間畫像而已。〔註33〕

七夕當晚拜織女,若有子女年滿 16 的家庭,在七夕當晚必須買紙糊的彩亭
一座,稱爲「七娘亭」,準備好花粉、香果、酒醴、三牲、鴨蛋七枚、飯一
碗,請道士祭獻,稱爲「出婆姐」。臺南當地俗傳:每個小朋友年幼之時,
都有婆姐保護他們平安、健康。(婆姐,爲臨水宮夫人的女婢。)所以,當
子女年滿 16 歲時,就必須拜婆姐,表示感謝,也同時宣告著長大,不需要
再乳養了。

時至今日,臺南地區仍相當著重十六歲的成年禮俗,七娘媽被認爲是兒
童的保護神:

府城民間信仰中的七娘媽,亦即相傳中的七星娘娘,被認爲是兒童
的保護神。過去台灣民間流行一種「成年禮」,即在孩子十六歲時,
要到七娘媽廟燒金紙、經衣、七娘媽亭等,藉此「出鳥母宮」(男)
或「出婆媽」(女)的儀式,以示孩子已經長大,象徵著可以開始分
擔家計及負起社會責任的意義。〔註34〕

由於臺南安平有許多人從事碼頭搬運工作,其中年滿十六的工人薪資是未滿
十六歲的二倍,所以十六歲是一個相當受到重視的年紀:

台南安平是一個靠海的漁港,安平人大多是靠海維生的討海人,及
在碼頭工作的搬運工,在日治時期,安平爲鹽船的出海港,也是船
來品進口的轉運站。大船來到安平,就將船停泊在外海,然後碼頭
工人駕駛搬運船來往於外海和台江之間,北幹線、五條港之間的船

〔註33〕不著撰人:《安平縣雜記・節令》,臺灣文獻叢刊,第五二種,頁 5。
〔註34〕〈台南開隆宮(七娘媽做 16 歲成年禮)全球資訊網〉,上網日期:20150630,
網址:http://7mothers.vrbyby.com.tw/scenerys.php。

運有都要經過外海。〔註35〕

安平因此有很多人從事碼頭搬運的工作，而碼頭工人的薪資規定，未成年只能領取半薪工資，而十六歲以後才算成人，可以領取全額的工資，所以當家中有小孩年滿十六歲時，就會邀請親朋好友歡宴來慶祝孩子「成年」，台南五條港才會有盛行做「十六歲」的習俗。〔註36〕

農曆七月七日七娘媽壽誕正是府城「做十六歲」的日子，早期都在家中進行，由外婆家來辦理，為了減省負擔，多半只幫長子、長女舉行：

> 「做十六歲」是台南三百多年來特有的習俗，台灣民間信仰中，對孩兒的主要保佑神有：七娘媽、註生娘娘、鳥母〔婆姐〕，這三種神明職責不同。小孩子從受孕成胎一直到十六歲長大成人，不同階段都有不同的守護神來保佑孩子平安成長，農曆七月七日的「七娘媽生」也正是「做十六歲」的日子。〔註37〕

> 做十六歲的儀式早期都是在家中舉行，且是由外婆（娘家）來辦理。台南「做十六歲」有一個不成文的規定，就是只為家中的長子、長女舉行「做十六歲」的儀式。其原委可能是早期人民生活困苦，財力有限，「做十六歲」所需耗費不少，因此只做長子、長女，另一方面也是為了減輕娘家的負擔。但若經濟因素許可，家中所有的孩子都做十六歲，也是可以的。〔註38〕

在家裡舉行的「做十六歲」，事前由外婆準備兩套新衣服，讓做十六歲的小孩從頭到腳都是新的，儀式如下：

> 府城做十六歲是在農曆七月七日舉行，事前外婆（娘家）會準備兩套新衣服，一套在舉行儀式時穿在做十六歲的小孩身上，一套放在供桌上，另外還會準備許多賀禮，如手錶、金鍊、腳踏車……；做十六歲的小孩在當天必需從頭到腳，從裡到外都是新的，如帽子、

〔註35〕〈七夕嘉年華台南做十六歲2011年〉，上網日期：20150630，網址：http://mypaper.pchome.com.tw/coolanews/post/1322357266。

〔註36〕〈七夕嘉年華台南做十六歲2011年〉，上網日期：20150630，網址：http://mypaper.pchome.com.tw/coolanews/post/1322357266。

〔註37〕〈七夕嘉年華台南做十六歲2011年〉，上網日期：20150630，網址：http://mypaper.pchome.com.tw/coolanews/post/1322357266。

〔註38〕〈七夕嘉年華台南做十六歲2011年〉，上網日期：20150630，網址：http://mypaper.pchome.com.tw/coolanews/post/1322357266。

鞋子、內衣褲、新衣服，全身都是新的，代表「脫胎換骨」。〔註39〕
其在家舉行儀式的程序如下：一、在家門口備好供品、金紙、經衣、
七娘媽亭、凸粉、胭脂、紅紗線、香花、一盆清水、新毛巾等物，
準備祭拜。二、祭畢，由父母手持七娘媽亭背對著門口，小孩由後
往前鑽七娘媽亭，男生往左邊繞三圈，女生則是往右邊繞三圈（三
圈表示最大的誠意），稱為「出姐母宮」或「出婆姐宮」，孩子出七
娘媽亭時由長輩扶起，其深層意義是在孩子的成長過程中有長輩的
照顧、拉拔，才能順利長大成人。然後將七娘媽亭焚化獻給七娘媽，
表示為七娘媽增添樓亭，同時也代表孩子已長大成人。儀式完成後，
若是男生則做紅龜，女生則做雙連龜分贈街坊鄰居。三、祭畢將部
份花、粉拋上屋頂給七娘媽化粧使用，一小部份留給自己用，俗信
可以變成像七娘媽一樣美麗。四、拜過「七娘媽」後，還要另外準
備雞酒油飯一碗、軟粿若干，拜謝「床母」，再燒床母衣（一種木刻
衣服圖樣的金紙，現多用「經衣」取代）或四方金，以感謝床母對
幼兒的照顧。〔註40〕

在孩子出七娘媽亭時，需由長輩扶起，代表小孩在成長過程中有長輩的照顧、
拉拔，才能順利長大成人。整個儀式，感恩之情甚為濃厚。

　　廟宇亦有「做十六歲」儀式，以臺南開隆宮為例：

廟宇中做十六歲儀式，以「開隆宮」為例，程序如下：一、擺設祭
品。（七娘媽亭、壽金、牲禮、壽麵、紅龜壽桃、胭脂花粉）；二、
填寫「感恩狀」及「十六歲證書」；三、祭拜七娘媽；四、敬稟感恩
狀；五、鑽七娘媽亭，男左女右各三圈；六、焚燒七娘媽亭與壽金；
七、禮成。

做十六歲科儀中，男孩鑽七娘媽亭，稱為「出鳥母宮」，女孩鑽七娘
媽亭，稱為「出婆姐宮」，據台南市文獻委員鄭道聰指出，「鳥母」
其實是「姐母」的訛稱，「姐母」台語唸到最後變成了「鳥母」，被
當成男性的第一性徵「鳥」，因而稱男生「出鳥母宮」，女生「出婆

〔註39〕〈七夕嘉年華台南做十六歲2011年〉，上網日期：20150630，網址：http://
mypaper.pchome.com.tw/coolanews/post/1322357266。

〔註40〕〈七夕嘉年華台南做十六歲2011年〉，上網日期：20150630，網址：http://
mypaper.pchome.com.tw/coolanews/post/1322357266。

姐宮」。而「姐母」與「婆姐」指的都是臨水夫人旗下的「三十六婆
姐」，鑽七娘媽亭，應稱爲「出姐母宮」或「出婆姐宮」表示感謝七
娘媽與三十六婆姐們的照顧。〔註41〕

錢琦有〈臺灣竹枝詞〉提及七夕當晚的活動，如下：

二十首之十六

五綵亭前祝七娘，三家村裏拜文昌。橋塡烏鵲星聯斗，天上人間各自
忙（作者註：「七夕糊綵亭陳設花果，拜祭簷前，云祝七娘壽，蓋稱
織女爲星娘也。村塾以是日爲魁星壽誕，聯會歡宴竟日。」）〔註42〕

錢琦詩中亦是描繪了在七夕當晚，女子會準備紙糊的綵亭，並陳設花果，在
屋簷下祭拜織女；男子則是拜文昌帝君，村裡也是歡宴終日。

馬清樞（？～？）在光緒三年（1877），與何澂、汪序東、林鶴蓀等人在
臺唱和，作〈臺陽雜興〉三十首，其中〈臺陽雜興，三十首之二十〉亦有敘
及臺地七夕當晚的活動：

華嚴世界婆娑洋（作者註：「見《蓉洲文稿》。」），七夕家家祀七娘。
魚陣迎潮滄海熟（作者註：「歲有群魚逆潮而上，則海大熟。」），鹿
群逃火野番荒（作者註：「番社以鹿爲糧；草場失火，群鹿遁逃，謂
之『番荒』。」）彌陀港淺潛流淡，傀儡山高殺氣揚。天使遄來頻按
部，霓旌咫尺拂扶桑。〔註43〕

馬清樞此詩「七夕家家祀七娘」之句，提及七夕當晚，臺南地區家家戶戶拜
七娘，其中已沒有拜魁星的書寫，顯示了1877之時，七夕當夜拜魁星的活動，
已不如以往來得活絡，因此，詩人沒有加以敘述。

日治時期，林逢春於1933有〈臺灣節序故事雜詠　七夕之糖粿〉，亦提
及七夕當晚的應節食物，如下：

欲乞天孫巧賜將，節逢七日煮瓊漿。甘如蜜果庭前獻，幾碗陳來拜

〔註41〕〈七夕嘉年華台南做十六歲2011年〉，上網日期：20150630，網址：http://
mypaper.pchome.com.tw/coolanews/post/1322357266。

〔註42〕錢琦：〈臺灣竹枝詞〉，《全臺詩——智慧型全臺詩知識庫》，上網日期：
20141102，網址：http://xdcm.nmtl.gov.tw/twp/b/b02.htm。此詩收於袁行雲《清
人詩集敍錄》。

〔註43〕馬清樞：〈臺陽雜興〉，《全臺詩——智慧型全臺詩知識庫》，上網日期：
20141102，網址：http://xdcm.nmtl.gov.tw/twp/b/b02.htm。此組詩收於王凱泰編
《臺灣雜詠合刻》。

女郎。〔註44〕

詩中表示臺南地區七夕當晚應該要有「糖粿」，因為要向織女乞巧，所以必須以甜如蜜的甜點供奉織女，希望祂能芳心大悅，而賜福於家中女子。

六、七月十五

農曆七月十五日，是中元普度的重要日子。鄭大樞〈風物吟〉亦有敘及：

十一首之六

香煙縹緲繞盂蘭，果號菩提佛頂盤。普度無遮觀自在，紙燈夜靜散波瀾。（中元盂蘭會，延僧建醮，名曰普度，或三、五、七晝夜不定。高搭木臺，排列瓜果餅餌之類，以紙燈千百種燃放水中，頭家捐番錢藏第一盞內，漁舟爭攫，以為順利）。〔註45〕

鄭大樞此詩中摹寫臺南地區盂蘭會中普度的情形，他們會請僧侶來做法會，時間可能長達 3 至 7 日不等。且會將木臺搭得高高的，中間排列瓜果餅乾等供品，並在水中燃放千百種紙燈，許多老闆們會把錢放在第 1 盞的紙燈中，讓眾多漁船爭相尋找，以求得來年行船順利的好兆頭。

六十七（？～？）為滿州鑲紅旗人，清乾隆 9 年（1744），以戶科給事中奉命巡視臺灣。有〈臺俗七月十五日為盂蘭會至夜分放水燈為紀以詩〉，其中亦紀錄七月十五日放水燈的習俗：

楚人尚鬼習相仍，高會盂蘭放佛燈。釋氏金蓮三十里，石家銀燭百千層。獨醒難挽浮靡俗，空色渾疑清淨僧。最怪莊嚴成劫奪，肉山還有酒如澠。〔註46〕

〔註44〕 林逢春：〈臺灣節序故事雜詠　七夕之糖粿〉，《全臺詩——智慧型全臺詩知識庫》，上網日期：20141102，網址：http://xdcm.nmtl.gov.tw/twp/b/b02.htm。此詩收於《三六九小報》第二百六十五、二百六十六號，1933 年 2 月 26、3 月 1 日，又載盧嘉興〈林珠浦先生之節序雜詠及臺南舊街名對〉。

〔註45〕 鄭大樞：〈風物吟〉，《續修臺灣府志・藝文（七）・詩（四）・風物吟・鄭大樞》，臺灣文獻叢刊，第一二一種，卷二十六，頁 983。

〔註46〕 六十七：〈臺俗七月十五日為盂蘭會至夜分放水燈為紀以詩〉，《全臺詩——智慧型全臺詩知識庫》，上網日期：20141102，網址：http://xdcm.nmtl.gov.tw/twp/b/b02.htm。此詩收於范咸《重修臺灣府志》〈藝文〉，又載董天工《臺海見聞錄》、陳漢光《臺灣詩錄》。編者按：王瑛曾《重修鳳山縣志》〈藝文〉、盧德嘉《鳳山縣采訪冊》〈藝文〉、賴子清《臺灣詩醇》、許成章《高雄市古今詩詞選》誤錄為熊學鵬之作。

六十七此詩中有批判盂蘭會的浪費之意。開頭就以楚人尙鬼的風俗批評臺南
地區的盂蘭會重視鬼魂的習尙，所以在盂蘭會時放水燈。之後描述水燈燃放
綿延了三十里之長，再以石崇的豪奢譬喻盂蘭會中有點燃百千層銀燭的行
爲。詩人表示自己獨自清醒，並沒有隨著風俗起舞，然而卻無法矯正這麼浮
誇的行爲。看著肉山酒池，詩人只能徒然慨嘆。

　　錢琦在〈臺灣竹枝詞〉中論及中元節的搶孤等活動，如下：

二十首之十七

中元勝會賽盂蘭，豪奪爭先上醮壇。海面放燈僧説法，鬼聲人影夜
漫漫（作者註：「中元前數日，好事者醵金爲首，延僧施食。各起高
臺，上設餌蔬果牲醴之屬，多者爲勝，任人攫取，名曰搶孤。往往
滋事，余至爲禁之。更有於海口放水燈者，金鼓喧闐，士女雜遝，
至月盡方止。」）〔註47〕

在中元節的活動中，有起高臺，辦法會請和尙誦經，在高臺上備有許多蔬果、
牲醴，愈多愈好，任人攫取，稱爲搶孤。往往會有許多豪奪者爭先搶供品，
引發許多爭執。另外也有在海口施放水燈，請和尙主持，蔚爲風尙，在漫漫
長夜中，盂蘭盆會活動相當熱鬧。

　　施瓊芳（1815～1868）爲清臺灣縣治（今臺南市）人，其〈盂蘭盆會竹
枝詞〉四首，可視爲在地人對盂蘭會的看法：

其一

大地風颸紙蝶灰，浮屠舊事目連開。花瓜初罷穿針會，又見盂蘭薦
福來。〔註48〕

首二句指盂蘭會時焚燒紙錢的習俗，在風強的時候，紙錢如同蝴蝶在空中飛
颺，並提及佛教中盂蘭會的由來——目連救母。在七夕花果瓜類的乞巧活動
之後，就是盂蘭會的大活動了。

〔註47〕錢琦：〈臺灣竹枝詞〉，《全臺詩——智慧型全臺詩知識庫》，上網日期：
　　　　20141102，網址：http://xdcm.nmtl.gov.tw/twp/b/b02.htm。此詩收於袁行雲《清
　　　　人詩集敘錄》。

〔註48〕施瓊芳：〈盂蘭盆會竹枝詞〉，《全臺詩——智慧型全臺詩知識庫》，上網日期：
　　　　20141102，網址：http://xdcm.nmtl.gov.tw/twp/b/b02.htm。原屬《石蘭山館遺稿》
　　　　卷十七〈補餘詩鈔〉一。

其二

六道三魔孰見真，瑤壇不少拜經人。倒懸無限人間苦，偏是冥曹解

脫頻。〔註49〕

施瓊芳在感嘆：在佛壇之前有不少的人前來參拜，但有多少人明瞭自己所拜者為何方神聖呢？實際上人間有無限的苦難，然而人們卻仍是著重著如何從陰間當中求解脫！

其三

玉京花果記遺文，人海喧闐會若雲。十萬河燈齊放夜，棠梨月冷鮑

家墳。〔註50〕

詩人書寫在盂蘭會之時人群聚集如海如雲地拿著花果等供品，祈願著亡魂能夠超脫至仙鄉之中。接著詩人引用李賀〈秋來〉詩中「秋墳鬼唱鮑家詩」之句，以十萬河燈齊放的夜裡，也只有鮑照的墳前相對清冷的景象，來說明自己的失意落寞。

其四

給孤園內靡金錢，懺偏空王願力堅。祝與酆官妖霧散，笙歌燈火太

平年。〔註51〕

在盂蘭會的時節，眾人皆不惜金錢，願力堅定祈禱亡魂能脫離苦海。並祈願來年能歌舞昇平、生活安康。

蔡佩香（1867～1925）亦有〈詠盂蘭會〉二首：

其一

唐時逸事至今存，競說盂蘭勝會紛。貝葉宮中排法寶，蓮花界上拔

遊魂。〔註52〕

〔註49〕 施瓊芳：〈盂蘭盆會竹枝詞〉，《全臺詩——智慧型全臺詩知識庫》，上網日期：
20141102，網址：http://xdcm.nmtl.gov.tw/twp/b/b02.htm。原屬《石蘭山館遺稿》
卷十七〈補餘詩鈔〉一。

〔註50〕 施瓊芳：〈盂蘭盆會竹枝詞〉，《全臺詩——智慧型全臺詩知識庫》，上網日期：
20141102，網址：http://xdcm.nmtl.gov.tw/twp/b/b02.htm。原屬《石蘭山館遺稿》
卷十七〈補餘詩鈔〉一。

〔註51〕 施瓊芳：〈盂蘭盆會竹枝詞〉，《全臺詩——智慧型全臺詩知識庫》，上網日期：
20141102，網址：http://xdcm.nmtl.gov.tw/twp/b/b02.htm。原屬《石蘭山館遺稿》
卷十七〈補餘詩鈔〉一。

〔註52〕 蔡佩香：〈詠盂蘭會〉，《全臺詩——智慧型全臺詩知識庫》，上網日期：

蔡佩香此書敘寫盂蘭會的習俗來自唐朝,而臺南地區仍相當重視。在這樣的佛教盛會中,眾人祈許能藉由佛法,使得遊魂得以超渡薦拔。

其二

幾多醒露重冥灕,無數金鐃徹夜喧。絜酒篙燈仍設醮,放些焰口記中元。〔註53〕

詩人此詩乃書寫盂蘭會的活動,以佛教儀式,徹夜設醮祈福,藉由佛法的力量來放焰口,給予甘露、食物,並準備了酒及水燈,為亡魂祈福。

謝汝銓(1871～1953)1930年有〈嗟盂蘭盆會〉,批評盂蘭盆會的浪費:

豪奢七月紛普度,尚鬼南人迷未悟。道場水陸廟門多,泥沙金錢皆不顧。爐主按圖索驥如,所需經費半強募。先放河燈後盂蘭,公普私普期難誤。盤盂碗碟列長筵,海錯山肴用無數。獸禽殺盡供犧牲,大者豚羊小雞鶩。相逢便說經濟難,節儉不知猶如故。富家揮霍縱無妨,貧戶盧縻慘誰訴。吁嗟乎,方今失業人正多,忍餓徬徨在歧路。賑鬼何如籌賑人,四海義聲差可布。〔註54〕

謝汝銓批判盂蘭盆會的豪奢,並認為這是一種迷信行為,水陸道場如此地多,不啻於將金錢視如泥沙般揮霍。為了辦盂蘭會,常有爐主用半強迫的方式來募款,造成貧苦人家的負擔。活動中有放河燈及盂蘭會,又有公普、私普,這些都需要金錢來支撐。普度時的山珍海味般地奢華,明明經濟負擔相當重,卻還是如往常一般地浪費。如果是富豪之家,揮霍尚還負擔的起,但是如果是貧民老百姓,心中的苦又能向誰訴說呢?唉呀,現今社會上失業人如此多,他們也正在人生分叉路上忍著飢餓,又為何不去救助這些人,反而急著去救鬼呢?

王則修(1867～1952)在1933年發表〈盂蘭盆會〉詩,對其活動的浪費,亦有所批判:

20141102,網址:http://xdcm.nmtl.gov.tw/twp/b/b02.htm。此詩收於王炳南《潛園寓錄》。

〔註53〕 蔡佩香:〈詠盂蘭會〉,《全臺詩——智慧型全臺詩知識庫》,上網日期:20141102,網址:http://xdcm.nmtl.gov.tw/twp/b/b02.htm。此詩收於王炳南《潛園寓錄》。

〔註54〕 謝汝銓:〈嗟盂蘭盆會〉,《全臺詩——智慧型全臺詩知識庫》,上網日期:20141102,網址:http://xdcm.nmtl.gov.tw/twp/b/b02.htm。此詩收於《臺灣日日新報》,「詩壇」欄,1930年9月10日,第四版,又載《奎府樓詩草》。

設盆致祭度幽魂，酒肉如山處處屯。何不留些施活鬼，人間窮餓也
含恩。〔註55〕

詩人王則修亦是站在社會上仍有許多待救助的人的立場上，批判盂蘭盆會酒
肉如山，到處屯積的浪費行為。並提出建言：為何不留一些經費來救助正在
受飢餓之苦的窮人呢？相信這些飢饞的受惠者也會滿懷感恩。

七、八月十五

《臺海使槎錄・赤崁筆談・習俗》有中秋習俗的記載：

中秋製月餅，並筆、墨、紙、研、香囊、瓶、袋諸物，羅列市廛，
設置骰子；賭勝奪采，負則償值。〔註56〕

中秋時要吃月餅。並且將筆、墨、紙、研、香囊、瓶、袋等各項物物，放在
大街上，大家開始擲骰子，贏的人可以將東西帶走，輸的人就必須將這些東
西給人家。

鄭大樞〈風物吟〉有提及臺南地區在八月十五的活動，如下：

十一首之七

奪采掄元喝四紅（中秋，士子遞為宴飲，製大肉餅朱書「元」字，
用骰子擲四紅為奪元之兆），月明如水海天空。野橋歌吹聲寥寂（作
者註：「昔年山橋野店，歌吹之聲相聞，謂之『夜戲』。」），子夜挑
燈一枕風。〔註57〕

詩人鄭大樞敘寫中秋之時讀書人的活動，他們在中秋夜時會設宴歡飲，並在
大肉餅上寫上「元」字，再擲骰子，期待自己能擲出四點，因為那預兆著自
己將會在科舉上得到第一名。而在這天，以往在山村野店，也可以聽到夜戲
的歌吹聲，然而現在這類的活動已不如以往熱鬧了。

張湄（？～？）有〈中秋〉：

碧天雲淨水煙微【碧天煙淨水煙微】【碧天煙淨水雲微】，砧杵無聲
一鏡飛。畫餅香中人盡醉，嫦娥親自奪元歸。（作者註：「中秋夜，

〔註55〕 王則修：〈盂蘭盆會〉，《全臺詩——智慧型全臺詩知識庫》，上網日期：
20141102，網址：http://xdcm.nmtl.gov.tw/twp/b/b02.htm。此詩收於《詩報》第
七十號，麻豆楊文豆氏徵詩，1933 年 11 月 15 日。

〔註56〕 黃叔璥：《臺海使槎錄・赤崁筆談・習俗》，卷二，頁 42。

〔註57〕 鄭大樞：〈風物吟〉，《續修臺灣府志・藝文（七）・詩（四）・風物吟・鄭大樞》，
臺灣文獻叢刊，第一二一種，卷二十六，頁 983。

士子飲博達旦，製大餅以象月，硃書『元』字，擲紅者得之，取秋
闈佳兆也。」）〔註58〕

張湄書寫著臺南中秋節的活動。在碧天雲淨的夜裡，並沒有砧杵之聲，而讀
書人正通宵達旦地歡樂飲酒，並期待自己能爲秋闈預先得個好預兆。

施瓊芳（1815～1868）有〈月餅〉：

桂香筵上會醵□弟，人月雙圓取象齊。誰識素娥偷藥悔，鏡天還羨
餅師妻。〔註59〕

「桂香筵上會醵□弟，人月雙圓取象齊」二句表達在中秋之時享用著月餅，
取得就是月圓人團圓的寓意。「誰識素娥偷藥悔，鏡天還羨餅師妻」二句敘述：
詩人賞月之時，聯想到天上的嫦娥可能還會後悔偷了靈藥，反過來羨慕夫妻
和諧相伴的在息王府邊的餅師之妻。

許南英有〈臺灣竹枝詞〉論及中秋：

佳期屈指到秋中，月餅團圓百印紅。兒女鳩錢買瓜果，七層塔子火
玲瓏。〔註60〕

此詩一、二句「佳期屈指到秋中，月餅團圓百印紅」敘述臺南地區在中秋時
應景食物爲月餅，且上頭印有團圓的紅字。小孩子也會在此時聚集錢來買瓜
果吃，表示慶賀。

日治時期的趙鍾麒（1863～1936）亦有〈月餅〉詩二首：

其一

分明天上一輪圓，玉粉搓來色采鮮。最是曲江秋宴上，紅綾馳賜憶
當年。〔註61〕

〔註58〕張湄：〈中秋〉，《全臺詩──智慧型全臺詩知識庫》，上網日期：20141102，
網址：http://xdcm.nmtl.gov.tw/twp/b/b02.htm。以《柳漁詩鈔》爲底本。此詩收
於范咸《重修臺灣府志》〈藝文〉，又載王瑛曾《重修鳳山縣志》〈藝文〉、余
文儀《續修臺灣府志》〈藝文〉、盧德嘉《鳳山縣采訪冊》〈藝文〉、彭國棟《廣
臺原屬《石蘭山館遺稿》卷十五〈詩鈔〉九。灣詩乘》、陳漢光《臺灣詩錄》、
許成章《高雄市古今詩詞選》。

〔註59〕施瓊芳：〈月餅〉，《全臺詩──智慧型全臺詩知識庫》，上網日期：20141102，
網址：http://xdcm.nmtl.gov.tw/twp/b/b02.htm。原屬《石蘭山館遺稿》卷十五〈詩
鈔〉九。

〔註60〕許南英：〈臺灣竹枝詞〉，《窺園留草‧丙戌三十二首‧臺灣竹枝詞》，臺灣文
獻叢刊，第一四七種，卷一，頁10。

〔註61〕趙鍾麒：〈月餅〉，《全臺詩──智慧型全臺詩知識庫》，上網日期：20141102，
網址：http://xdcm.nmtl.gov.tw/twp/b/b02.htm。此詩收於《臺灣文藝旬報》第四

「分明天上一輪圓，玉粉搓來色采鮮」二句敘述：天上有著一輪明月，而人間亦有玉粉所作成的月餅。「最是曲江秋宴上，紅綾馳賜憶當年」二句，作者以為：月餅中，人間中最為貴重的是──盛唐時，唐昭宗賜給新科進士們的紅綾餅，目前還有許多詩作遙憶著當年的盛況。

其二

　　紅綾新製樣團圓，疑是嫦娥玉手煎。我愛粮餭清不俗，咀來味帶桂

　　花鮮。〔註62〕

首二句「紅綾新製樣團圓，疑是嫦娥玉手煎」中，詩人將眼前的月餅比擬作紅綾餅，上面書寫著團圓二字，因為不禁懷疑起是否為嫦娥親手所製。「我愛粮餭清不俗，咀來味帶桂花鮮」二句中，詩人表達自己偏愛著粮餭口味的月餅，因為它在咀嚼時，帶有桂花的清香鮮甜滋味。

　　林逢春有〈臺灣節序故事雜詠　中秋之月餅〉：

　　欣將餅餌祝中秋，名士由來莫匹儔。巧製團圓形似月，紅綾裹處用

　　相酬。〔註63〕

林逢春詩中敘寫臺南地區在中秋時必定吃月餅，月餅的形狀圓如明月，寓意團圓，且用紅綾包裹，家家戶戶互相贈送，表達祝福的心意。

八、九月九

　　黃叔璥（1682～1758）為首任的巡臺御史，他在《臺海使槎錄》中有臺地重陽節活動的紀錄：

　　重陽前後，競放紙鳶，如內地春月。是日，儒生有殺犬取其首以祀

　　魁星者；餘肉則生徒聚啖，歡飲竟日。〔註64〕

由上述可知九月九日登高、放紙鳶是臺南地區的習俗，他並提到當地讀書人

　　　年第十一號，櫟社大會擊缽吟，1922 年 10 月 20 日。
〔註62〕趙鍾麒：〈月餅〉，《全臺詩──智慧型全臺詩知識庫》，上網日期：20141102，
　　　網址：http://xdcm.nmtl.gov.tw/twp/b/b02.htm。此詩收於《臺灣文藝旬報》第四
　　　年第十一號，櫟社大會擊缽吟，1922 年 10 月 20 日。
〔註63〕林逢春：〈臺灣節序故事雜詠　中秋之月餅〉，《全臺詩──智慧型全臺詩知識
　　　庫》，上網日期：20141102，網址：http://xdcm.nmtl.gov.tw/twp/b/b02.htm。此
　　　詩收於《三六九小報》第二百六十五、二百六十六號，1933 年 2 月 26、3 月
　　　1 日，又載盧嘉興〈林珠浦先生之節序雜詠及臺南舊街名對〉。
〔註64〕黃叔璥：《臺海使槎錄・赤崁筆談・習俗》，臺灣文獻叢刊，第四種，卷二，
　　　頁 42。

在這一天有殺狗祭祀魁星的舉措。鄭大樞〈風物吟〉亦有相關的敘述：

十一首之八

囊萸載酒啖檳榔，處處登高屐齒忙。黃菊正開秋未老，滿天紙鷂競
飛揚。（重陽載酒登高，競放風箏，名曰紙鷂；或以藤片夾於中，風
吹有聲，以高下為勝負）。〔註65〕

鄭大樞此詩書寫了此地重陽節時放紙鳶等歡樂熱鬧的場景。首二句「囊萸載
酒啖檳榔，處處登高屐齒忙」敘述：重九之時，到處可以看到袋子裡裝著茱
萸，帶著酒，嘴裡吃著檳榔，腳下踩著木屐登高的人。「黃菊正開秋未老，滿
天紙鷂競飛揚」表達此時正是黃菊正開之時，野外可以看到滿天的風箏，正
競相地的飛揚。

六十七（？～？）在乾隆9年（1744）奉命巡視臺灣，有〈九日〉之作，
提及臺南地區在重陽節的習俗：

朝來門巷集儒巾，屠狗吹簫共賽神（臺俗：七夕、中秋、重陽俱祀
魁星。是日，儒生有殺犬取其以祀者。）。蝴蝶花殘清入夢，鯉魚風
老健於春【鯉魚潮落健於春】。酒澆幽菊舒黃蕊，琴鼓飛鳶颺碧旻（重
陽前後競放紙鳶，如內地春月。）。並著單衫揮羽扇，炎方空說授衣
辰。〔註66〕

「朝來門巷集儒巾，屠狗吹簫共賽神」二句書寫在重陽之時讀書人殺狗祭祀
魁星，亦有吹簫及賽神等活動，相當熱鬧。「酒澆幽菊舒黃蕊，琴鼓飛鳶颺碧
旻」二句書寫重陽節時喝酒賞菊之外，還有比賽放紙鳶的活動，就像內地春
節一樣熱鬧。「並著單衫揮羽扇，炎方空說授衣辰」二句書寫臺地氣候的溫暖，
在重陽節時仍舊穿著單衫，揮著羽扇，只能隨意地談論授衣的時辰。

錢琦（1704～？）在〈臺灣竹枝詞〉中亦有提及重陽之事，如下：

二十首之十九

重陽節近雨初晴，萬里秋高爽氣清。相約赤嵌城上去，排齊酒榼鬥

〔註65〕 鄭大樞：〈風物吟〉，《續修臺灣府志·藝文（七）·詩（四）·風物吟·鄭大樞》，
臺灣文獻叢刊，第一二一種，卷二十六，頁984。

〔註66〕 六十七：〈九日〉，《全臺詩——智慧型全臺詩知識庫》，上網日期：20141102，
網址：http://xdcm.nmtl.gov.tw/twp/b/b02.htm。此詩收於六十七《使署閒情》，
又載范咸《重修臺灣府志》〈藝文〉、余文儀《續修臺灣府志》〈藝文〉、彭國
棟《廣臺灣詩乘》、陳漢光《臺灣詩錄》。

風箏（作者註：「重九前後多放風箏，視高下爲勝負，以賭酒食。」）
〔註67〕

錢琦此詩說明在重陽節時，趁著秋高氣爽，天朗氣清，臺南地區的人士會相約到赤嵌城上，以酒食爲賭注的比賽誰的風箏放得最高，場面相當熱鬧。

朱仕玠〈瀛涯漁唱〉中有論述重陽登高之事：

一百首之三十五

草草啣盃旅舍中，揚塵眯目鎭濛濛。插萸空有登高興，不奈朝來九
降風。（作者註：「九月北風初烈，或至匝月，名爲九降。他月颶多
挾雨，惟九無雨而風。」）〔註68〕

朱仕玠宦遊臺地，在佳節重陽之時難免有思鄉之情，所以此詩中並沒有任何歡愉的氣氛。而且此詩中書寫了臺地特有的九月大風——九降風。「插萸空有登高興，不奈朝來九降風」二句敘述：在這樣的風吹拂之下，詩人只能在旅舍之中草草的喝著酒，眯著眼睛望著窗外，沒有辦法登高，顯得索然無味。

章甫亦有〈次韻重陽即景〉：

勝會爛重陽，金鋪滿地黃。鶴林花女寺，雁陣水雲鄉。韻事題糕壯，

風流落帽狂。茱萸都插遍，雅愛酒杯香。〔註69〕

章甫此詩書寫著臺南地區的重陽佳節的美好。首先「勝會爛重陽，金鋪滿地黃」二句歌詠著重陽節時的勝會，此時黃菊開得相當燦爛，給人滿眼金黃的場景。「鶴林花女寺，雁陣水雲鄉」二句敘述：鶴鳥成群集結在有著花和眾多女子的寺廟之中，天邊亦有雁群羅列成陣的飛過這個水雲瀰漫、風景清幽的地方。「韻事題糕壯，風流落帽狂。茱萸都插遍，雅愛酒杯香」四句書寫許多文人雅士聚集重陽登高的活動裡，有許多流風韻事。作者在遍插茱萸後，特別偏愛小酌一番，領略酒的香醇美好。

日治時期，謝鯉魚（1892～1959）有〈登高〉：

〔註67〕　錢琦：〈臺灣竹枝詞〉，《全臺詩——智慧型全臺詩知識庫》，上網日期：
　　　　20141102，網址：http://xdcm.nmtl.gov.tw/twp/b/b02.htm。此詩收於袁行雲《清
　　　　人詩集敘錄》。

〔註68〕　朱仕玠：〈瀛涯漁唱〉，《小琉球漫誌‧瀛涯漁唱（上）》，臺灣文獻叢刊，第三
　　　　種，卷四，頁41。

〔註69〕　章甫：〈次韻重陽即景〉，《全臺詩——智慧型全臺詩知識庫》，上網日期：
　　　　20141102，網址：http://xdcm.nmtl.gov.tw/twp/b/b02.htm。據國家圖書館臺灣分
　　　　館的鈔本爲底本，參考連橫《臺灣詩乘》、陳漢光《臺灣詩錄》及臺銀本《半
　　　　崧集簡編》進行參校。此詩又載臺銀本《半崧集簡編》。

一樣登高感不同，亂離身世有窮通。浮雲極目天無色，斜日沉江水湧紅。萬姓並驅兵火內，百工長役戰防中。佩萸飲菊渾閒事，摩頂何愁落帽風。〔註70〕

此時屬於戰爭進行的時期，是以詩人登高望遠，心中有所感觸。是以，前四句有極目遠望的蒼涼之感。後四句則直接點出萬姓、百工仍在深受戰火之苦，詩人在這樣的時刻只能做些佩戴茱萸、喝著菊花酒等簡簡單單的小事罷了。

謝汝銓（1871～1953）有〈登高　限庚韻〉應和之作：

登高此日例偏成，桓景當年亦不情。萸酒絲囊人避劫，忍教雞犬獨無生。〔註71〕

謝汝銓此詩針對重九登高的傳說，作一個反面評論。他批判了桓景當年太過無情，應該要顧及雞、犬等牲畜的性命，而不是人類獨自避過死劫即可。此詩立意甚為新穎。

林逢春敘及重陽登高的應景食物——麻糬，如〈臺灣節序故事雜詠　重陽之麻餈〉：

麻粒包來黍稷香，家家戶戶餉重陽。爭言食此腰肢補，不道腰肢補不強。〔註72〕

林逢春此詩書寫在重陽節時臺南地區會吃麻餈，也就是麻糬，並且傳言在此時吃麻糬可以補腰肢。詩人並因而開玩笑的說，腰肢並不是這樣就可以補強的。

九、冬至

冬至為臺地重要的節日之一，有時已有過新年的意味，在《安平縣雜記》中有記錄：

〔註70〕謝鯉魚：〈登高〉，《全臺詩——智慧型全臺詩知識庫》，上網日期：20141102，網址：http://xdcm.nmtl.gov.tw/twp/b/b02.htm。此詩收於盧嘉興〈清末遺儒臺南謝氏昆仲文武秀才〉。

〔註71〕謝汝銓：〈登高　限庚韻〉，《全臺詩——智慧型全臺詩知識庫》，上網日期：20141102，網址：http://xdcm.nmtl.gov.tw/twp/b/b02.htm。此詩收於《臺灣日日新報》，「詩壇」欄，1915 年 10 月 23 日，第六版。《全臺詩》第 25 冊已收錄謝汝銓詩作，出版時未及收錄此詩，茲增補於「智慧型全臺詩知識庫」。

〔註72〕林逢春：〈臺灣節序故事雜詠　重陽之麻餈〉，《全臺詩——智慧型全臺詩知識庫》，上網日期：20141102，網址：http://xdcm.nmtl.gov.tw/twp/b/b02.htm。此詩收於《三六九小報》第二百六十五、二百六十六號，1933 年 2 月 26、3 月 1 日，又載盧嘉興〈林珠浦先生之節序雜詠及臺南舊街名對〉。

冬至節，家家作米丸及菜包以祀神及祖先。門扉各粘一米丸，俗名
「餉耗」。是日，長幼賀節，亦略如元旦。〔註73〕

在冬至的那一天，家家戶戶要做糯米丸及菜包來拜祖先，在門上要各黏一個
米丸，稱爲「餉耗」。而且，當天年幼者要向尊長賀節，幾乎等同於過新年的
意思。

鄭大樞〈風物吟〉有關冬至的部分，如下：

十一首之九

一陽初動歲初添，地暖長春不裏棉。糯米爲丸黏餉耗，日中視晷卜
豐年。（冬至日，以糯米爲丸，祀神祭祖，合家同食，謂之添歲；門
扉器物，各黏一粒，謂之餉耗。又日中視晷以卜休咎，見「月令廣
義」）。〔註74〕

「一陽初動歲初添，地暖長春不裏棉」二句表示示冬至日是一陽初動之時，
所以亦是增加了一歲，因爲臺南地區氣候溫暖，所以此時的人們還不需要穿
棉襖。「糯米爲丸黏餉耗，日中視晷卜豐年」二句說明：這時家家戶戶都做米
丸，在門板上黏餉耗，而且在正午時，還會看日影來預測吉凶。

朱仕玠〈瀛涯漁唱〉有論及冬至的習俗：

九十八首

南至陽生氣盡蘇，恨無飛雪點紅爐。團團坐飲稱添歲，一幅昇平外
海圖。（臺俗：冬至日，家作米丸，祝先禮神畢，卑幼賀尊長者節，
略如元旦。合家團團而飲，謂之添歲。）〔註75〕

「南至陽生氣盡蘇，恨無飛雪點紅爐」二句書寫冬至是陽氣初發，生氣蘇醒
之日，只可惜臺南氣候溫暖，沒有屋外飄雪，屋內擁著紅爐的景象。「團團坐
飲稱添歲，一幅昇平外海圖」二句說明冬至時大家會團圓宴飲，說今天又多
了一歲。這樣的一幅景象，呈現臺灣雖在海外，卻是太平盛世。

許南英1886年作〈臺灣竹枝詞〉中有論及冬至：

〔註73〕 不著撰人：《安平縣雜記・節令》，臺灣文獻叢刊，第五二種，頁7。
〔註74〕 鄭大樞：〈風物吟〉，《續修臺灣府志・藝文（七）・詩（四）・風物吟・鄭大樞》，
　　　　臺灣文獻叢刊，第一二一種，卷二十六，頁984。
〔註75〕 朱仕玠：〈瀛涯漁唱〉，《小琉球漫誌・瀛涯漁唱（下）》，臺灣文獻叢刊，第三
　　　　種，卷五，頁50。

其九

冬至家家作粉彈,兒童不睡到更闌。巧將糯米爲龍鳳,明日鄰家共
借看。〔註76〕

許南英此詩亦是書寫冬至當日有做米丸,兒童亦如過新年一般守歲不睡。家
家戶戶競相以糯米作爲龍鳳等吉祥喜慶的圖案,等到明日之時再和鄰居共同
借去欣賞。

林逢春〈臺灣節序故事雜詠〉談到臺南地區冬至時的吃食:

冬至之菜包

一陽來復歲將更,粿品如今易菜名。滋味合該寒士喫,祖先盤祭等
香粳。〔註77〕

林逢春此詩談到臺南地區在冬至時就要吃菜包,並且要用菜包祭祀祖先,菜
包的滋味應該會受讀書人的歡迎。

有關府城在冬至時吃菜包的由來眾說紛紜,目前最可靠的說法與醫聖張
機相關:

府城民眾冬至吃菜包的傳統習俗眾說紛紜,可靠的說法是古時候醫
聖張仲景在冬天看到民眾耳生凍瘡,就以糯米製成外皮,包裹羊肉、
蔬菜及辣椒等能夠促進血液循環的材料做成食物,民眾食用後可免
耳朵凍傷。

古時候的「包子」外觀就像半月型的「耳朵」,稱爲「嬌耳」,取諧
音變成「餃兒」,古時物資缺乏,包子的內餡菜多肉少,所以又被稱
爲菜包。

菜包後來流傳到台灣,府城老一輩民眾,在冬至當天的中午前,會
拿菜包與湯圓一起祭拜祖先,「呷鹹配甜」逐漸成爲府城民眾冬至吃
菜包配湯圓的傳統習俗。有百年歷史的舊來發餅舖,平時做椪餅,
每到冬至前夕,全部員工暫停製餅,開始趕製上千顆餃子狀的菜包,
這項傳統工作在餅舖已沿襲百年未間斷。

〔註76〕 許南英:〈臺灣竹枝詞〉,《窺園留草・丙戌三十二首・臺灣竹枝詞》,臺灣文
獻叢刊,第一四七種,卷一,頁10。
〔註77〕 林逢春:〈臺灣節序故事雜詠 冬至之菜包〉,《全臺詩——智慧型全臺詩知識
庫》,上網日期:20141102,網址:http://xdcm.nmtl.gov.tw/twp/b/b02.htm。此
詩收於《三六九小報》第二百六十五、二百六十六號,1933年2月26、3月
1日,又載盧嘉興〈林珠浦先生之節序雜詠及臺南舊街名對〉。

府城的冬至菜包製作方式經過改良，從糯米皮改爲麵皮。在美食小
吃的府城中，冬至菜包仍分葷、素兩種，葷食內餡有蛋黃，素食有
香菇，提供不同需求。〔註78〕

相傳張機爲了使民眾在冬天耳朵免於凍傷，而提供促進血液循環的藥膳——菜
包，後來菜包流傳到臺灣，臺南地區的民眾在冬至時就有「呷鹹配甜」——吃
菜包配湯圓的傳統。

十、臘月二十四

農曆的 12 月 24 日是送神的日子，《安平縣雜記》有相關的記載：

二十四日，各處寺廟及人家，均備茶果牲醴，買紙印旛幢輿馬儀從
一張，焚而送之，名曰「送神」。〔註79〕

在這一天，臺南各地的寺廟及家家戶戶都會準備茶、果、牲禮來祭拜，並買
了印著旗幟及車馬儀隊的紙，將紙焚燒，稱爲送神。鄭大樞〈風物吟〉則是
特別強調一般百姓裡送灶神的記載：

十一首之十

紙馬幢幡送灶神，山肴野簌雜前陳。廚門長幼交羅拜，頻祝休言辣
臭辛。（臘月二十四夜，備幢幡、輿馬、儀從於楮，焚而送之，謂之
「送神」。設肴果於灶前，合家男女拜祝曰：「甘辛臭辣，灶君莫言」）。

〔註80〕

詩句中書寫著家家戶戶在此時會準備印有旗子、車馬、儀隊的紙，將它焚燒，
來恭送灶神。而且也會在灶前備有山肴、野菜及水果等物，全家男女老幼都
要在廚房中拜灶神，祈求灶神能爲這個家裡多多美言，讓家裡可以過得更加
順遂。

張湄（？～？）也有〈祀竈詞〉：

海風习騷西日暝，爆竹滿城獨客警。送神何歸云上天，雲車飈馬相
騰騫。膠牙餳果臚尾酊，飲食媚神術不售。居高聽卑天耳聰，竈君

〔註78〕程炳章：〈府城冬至 菜包配湯圓〉，中時電子報，20121209，上網日期：
20150630，網址：http://www.chinatimes.com/newspapers/20141209000618-260
107。

〔註79〕不著撰人：《安平縣雜記・節令》，臺灣文獻叢刊，第五二種，頁 8。

〔註80〕鄭大樞：〈風物吟〉，《續修臺灣府志・藝文（七）・詩（四）・風物吟・鄭大樞》，
臺灣文獻叢刊，第一二一種，卷二十六，頁 985。

> 有言長落後，安用黃羊致暴富。〔註81〕

張湄此詩書寫臺南地區的送神習俗。此時的臺灣已是滿城的爆竹聲響，相當熱鬧。當天是是送神之日，所以會焚燒代表雲車的紙錢，歡送神明歸天庭。此時也會以糖來祭祀，祈求灶神能多多說好話。

日治時期，臺南人楊宜綠（1877～1934）在1925年有〈祀竈七絕侵韻〉之作：

> 奸雄媚汝能司命，致祭家家自古今。此日臘殘朝帝去，爲言人種苦
> 相侵。〔註82〕

作者此詩頗有感慨，其中「此日臘殘朝帝去，爲言人種苦相侵」二句，即是表達人間鬥爭之事的不滿。故藉灶神向天帝報告人間之事的傳說，表達自己內心的不平。

十一、除夕

《臺海使槎錄》中有記載臺地除夕時的活動：

> 除夕前數日，以各種生菜沸水泡甕中，以供新歲祭祀之用；餘則待發
> 變後食之，名曰隔年菜。除夕殺黑鴨以祭神，謂其壓除一歲凶事；爲
> 紙虎，口內實以鴨血或豬血、生肉於門外燒之，以禳除不祥。〔註83〕

在除夕前幾日，會將生菜以沸水泡於甕中，在除夕時會用這個來祭祀神明。剩下的部分，就等待它們發酵後吃了，稱爲隔年菜。在除夕當天，還會殺黑色的鴨子來祭神，認爲這樣可以壓除一年的凶事，期待來年凶事不發生。並用紙作成的老虎，將它的口內塗上鴨血，或是豬血，加上生肉，一起在門外焚燒，用這些來袪除不祥的事。

丁紹儀於道光28年（1848）完成的《東瀛識略》中亦有論及除夕的隔年菜：

> 除夕前數日，取各種生菜沸水泡甕中，待發變而後食之，曰隔年菜，
> 味殊惡。〔註84〕

〔註81〕張湄：〈祀竈詞〉，上網日期：20141102，網址：http://xdcm.nmtl.gov.tw/twp/b/ b02.htm。以《柳漁詩鈔》爲底本。

〔註82〕楊宜綠：〈祀竈七絕侵韻〉，《全臺詩》，第28冊，頁542。

〔註83〕黃叔璥：《臺海使槎錄·赤崁筆談·習俗》，臺灣文獻叢刊，第四種，卷二，頁42。

〔註84〕丁紹儀：《東瀛識略·學校　習尚·習尚》，臺灣文獻叢刊，第二種，卷三，頁34。

除夕前幾日，取各種生菜及沸水泡入甕中，等到發酵後才吃，稱為隔年菜。丁紹儀並批評隔年菜風味不佳。

在《安平縣雜記》中亦有除夕相關的紀錄：

> 除夕之日，各家均備饌盒、牲醴、葷素、菜品、年糕等物以祀神、祭祖。先焚香點燈燒紙，燃爆竹隆隆不絕，神前及祖宗位前均供甜料一小碟、隔年飯隔年菜各一小鍾（隔年菜以波薐菜為之，一根而已，不折斷，名曰長年菜，過年每人須食一根）、發粿一小塊，上插通草製麗春花，有雙蕊者（俗名雙春）；紅柑兩碟，有用一碟者。至新年初五後撤去。是晚，一家大小團圓聚飲，棹下安放小火爐，一爐邊環以錢一兩串、洋銀一兩元（多少不等，此係約略言之），名曰「圍爐」。圍爐已畢，長輩將銀錢分與下輩及婢僕等，名曰「過年錢」。亥刻，祀□，供甜料，點燭，焚香，燒紙，亦有用牲醴、年糕、發粿者。是夜，內外上下之地，須掃潔淨。有不睡者，名曰「守歲」。家家燈燭輝煌，香煙不絕。街上行人，燈光照耀，有買物者、有收賬項者，至天亮方息。蓋臺南老例，一年收討賬項三次，端陽一次，中秋一次，年底一次。商業收討賬項尤緊。因各行舖年終須結數也。
> 〔註85〕

由上述可知，臺南地區在除夕當天有用饌盒、牲醴、葷素、菜品、年糕等供品拜神及祖先的習俗。先焚香、點燈、燒紙，此時爆竹聲隆隆不絕。另外，各用一小鍾隔年飯、隔年菜來拜神及祖宗。當天晚上，還有圍爐、發過年錢、守歲等活動。家家戶戶燈燭輝煌，香煙不絕。街上亦是燈光照耀，有買物品，也有收帳的人，這些活動一直到天亮才停止。

鄭大樞〈風物吟〉有敘及除夕當天的活動：

十一首之十一

宰鴨書符壓歲凶，松盆燎火煖芙蓉。（除夕，殺黑鴨祭神，謂壓歲凶；又以紙虎塗鴨血或豬血於門燒之，以除不祥，或以瓦盆燃松枝，火光燭天）千莖爆竹通宵響，賈島精神酒一鍾。（作者註：「閩仙除夕取一年所得詩，列酒脯祭之曰：『勞吾精神，以此補之』。」）〔註86〕

〔註85〕 不著撰人：《安平縣雜記・節令》，臺灣文獻叢刊，第五二種，頁8～9。

〔註86〕 鄭大樞：〈風物吟〉，《臺灣詩乘》，臺灣文獻叢刊，第六四種，卷二，頁84～85。

首句書寫除夕壓歲凶的習俗，殺黑鴨來祭神，並用紙虎塗鴨血、或用瓦盆來燃燒松枝，來袪除不祥。在當天晚上，會有爆竹聲不斷地在整夜鳴放。

錢琦（1704～？）〈臺灣竹枝詞〉有論及除夕的重要活動：

二十首之二十

除夕先除一歲凶，門前壓煞火雲紅。眼看猛虎低頭去，不用爲文更送窮（除夕以紅紙爲虎，口內實以鴨血，於門外燃之。名曰壓煞。）〔註87〕

詩人書寫臺地除歲凶壓煞的習俗，用紅紙做成老虎，再以鴨血塗在紙虎的口中，把它拿到門外燃燒，如同紅紅的火雲一般，看著紙作的猛虎被燒得低頭消失不見，不就不需要再寫文章來送窮了。可見此習俗代表著凶事遠離之意。

林逢春有敘及新春的應景食物——年糕的作品：

〈臺灣節序故事雜詠 新正之年糕〉

韶光容易到新春，糯米砂糖合煮珍。獨怪劉郎題未敢，後人炊好祀明神。〔註88〕

到了新春之時，就是應該要吃年糕的日子了，年糕的主要作法就是用糯米及砂糖合煮而成。相傳唐朝的劉禹錫想作一個關於糕字韻的詩作，因爲五經中沒有糕字，所以就作罷了。〔註89〕臺南地區的人在春節之時，還是有用年糕來供神的習俗。

臺南地區的歲時節令與中原地區雖有相同之處，卻也有本地特色，在古

〔註87〕錢琦：〈臺灣竹枝詞〉，《全臺詩——智慧型全臺詩知識庫》，上網日期：20141102，網址：http://xdcm.nmtl.gov.tw/twp/b/b02.htm。此詩收於袁行雲《清人詩集敍錄》。

〔註88〕林逢春：〈臺灣節序故事雜詠 新正之年糕〉，《全臺詩——智慧型全臺詩知識庫》，上網日期：20141102，網址：http://xdcm.nmtl.gov.tw/twp/b/b02.htm。此詩收於《三六九小報》第二百六十五、二百六十六號，1933 年 2 月 26、3 月 1 日，又載盧嘉興〈林珠浦先生之節序雜詠及臺南舊街名對〉。

〔註89〕（宋）邵博《邵氏聞見後錄》，卷一九：「劉夢得作《九日詩》，欲用糕字，以《五經》中無之，輒不復爲。宋子京以爲不然。故子京《九日食糕》有詠云：『飆館輕霜拂曙袍，糗餐花飲鬥分曹。劉郎不敢題糕字，虛負詩中一世豪。』送爲古本絕唱。『糗餌粉蜜』，糕類也，出《周禮》。《詩豪》，白樂天目夢得云。」上網日期：20160630，網址：https://zh.wikisource.org/wiki/%E9%82%B5%E6%B0%8F%E8%81%9E%E8%A6%8B%E5%BE%8C%E9%8C%84/%E5%8D%B7%E5%8D%81%E4%B9%9D。

典詩人的記錄，顯得相當鮮活有趣，如：元月十五日夜晚尚未婚配的女子偷折花朵，引人詬罵，期求自己姻緣順遂的詩句，「未字女兒休折採，王昌只在此牆東」。三月三日清明掃墓、遊春、臺南地區的男子衣著「龍擺尾」、「鳳點頭」，「提壺挈榼坐平沙，恣意春遊到日斜」、「鳳頭龍尾衣衫擺，踏遍郊□酒已酣」。五月五日安平龍舟競渡熱鬧場面及原住民孩童吹鼻簫參與其中的描述，如「海港龍舟奪錦標，纏頭三五錯呼么」、「行看對對番童子，嘴裏彈琴鼻裏簫」。六月初一作半年的習俗至今已不復見，然而它也曾在古典詩句中留下永恆的記錄：「六月家家作半年，紅團糖餡大於錢」、「春得早禾紅麴染，家家齊製半年丸」。七夕時殺狗祭魁星、拜織女（七娘媽）及做十六歲等活動，如「露重風輕七夕涼，魁星高讌共稱觴」、「華嚴世界婆娑洋，七夕家家祀七娘」、「五綵亭前祝七娘，三家村裏拜文昌」等句。

七月十五日中元普度，詩人亦對臺南地區民眾的投入、熱衷，有所描述、批判，如：「中元勝會賽盂蘭，豪奪爭先上醮壇」、「設盆致祭度幽魂，酒肉如山處處屯。何不留些施活鬼，人間窮餓也含恩」。八月十五日有吃月餅、擲骰子等活動：「畫餅香中人盡醉，嫦娥親自奪元歸」、「紅綾新製樣團圓，疑是嫦娥玉手煎」。九月九日放紙鳶、登高之描述：「囊萸載酒啖檳榔，處處登高展齒忙。黃菊正開秋未老，滿天紙鷂競飛揚」。冬至有相關賀歲及吃菜包的習俗，如：「糯米為丸黏餉耗，日中視晷卜豐年」、「一陽來復歲將更，粿品如今易菜名。滋味合該寒士喫，祖先盤祭等香粳」。送神時的儀式：「紙馬幢幡送灶神，山肴野簌雜前陳。廚門長幼交羅拜，頻祝休言辣臭辛」。除夕的祈福活動：「除夕先除一歲凶，門前壓煞火雲紅」、「宰鴨書符壓歲凶，松盆燎火煖芙蓉」等。

從年初至年終，臺南地區習俗的微妙變化，在古典詩中呈現無遺。

圖 64　〈臺灣風俗　牛車〉，日據時期的明信片，上網日期：20150630，網址：
　　　　http://memory.ncl.edu.tw/tm_cgi/hypage.cgi?HYPAGE=image_photo_deta
　　　　il.hpg&project_id=twpt&dtd_id=10&xml_id=0000361286&subject_name
　　　　=%E6%97%A5%E6%B2%BB%E6%99%82%E6%9C%9F%E8%87%BA
　　　　%E7%81%A3%E5%9C%96%E5%83%8F%E5%AF%AB%E7%9C%9F。

早期陸上的交通工具－牛車。（資料來源：《番社采風圖》）

圖65　牛車，資料來源：許清保《大臺南的港口》，臺南市立文化局，頁314。

圖 66　臺灣早期陸上的交通工具──牛車，資料來源：許清保《大臺南的港口》，臺南市立文化局，頁 318。

圖 67　檳榔樹，平埔族嚼檳榔的習慣由來已久，故住屋附近常種檳榔。《新編認識南瀛／台南縣國小五年級本土教材》，上網日期：20150705，網址：http://nbooks.tnc.edu.tw/98/9805/3_3.htm。

第二節　臺人習性

　　黃叔璥（1680～1758）在 1722 年來臺，在《臺海使槎錄》中有記錄臺灣地區習俗，如下：

　　　臺地民非土著，逋逃之淵藪，五方所雜處。泉之人行乎泉，漳之人行乎漳，江、浙、兩粵之人行乎江、浙、兩粵，未盡同風而異俗。〔註90〕

黃叔璥以爲：臺地民眾中有一些並非原住民。而這個地方是逃犯聚集之處，各方的來歷都不同，來自泉州的人以泉州地的習俗生活，漳州的過著漳州的習俗，江蘇、浙江、廣東、廣西的各有其生活風俗，所以風俗不盡相同。

　　黃叔璥將臺地視爲「逋逃之淵藪，五方所雜處」，代表著清領初期的人對臺地的普遍觀感。然而也因爲臺灣五方雜處，臺灣風俗素來具有多元性的特質。

　　在此將有關臺人習性的古典詩作，舉要分述之。

一、服裝儀容

　　關於臺人的服裝儀容，清初時，孫元衡就有〈臺人服多不衷戲爲一絕〉：

　　　天涯風俗漫相親，吳帶曹衣迥不倫。無復屠蘇障兩耳，服妖今已被文身。〔註91〕

孫元衡在看到臺人服飾怪異、不倫不類的情形，忍不住用「吳帶曹衣」二個迥然不同的風格類比、戲謔。又以屠蘇覆耳的典故〔註92〕，說明臺南地區的人不只是服裝怪異，且身上還有紋身。

　　黃叔璥《臺海使槎錄》中有臺人服裝不恰當的記錄：

　　　衣服不衷臝露衣衫外者曰龍擺尾，襪不繫帶脫落足面者曰鳳點頭。

　　　農夫、輿隸雲履綢衫，服勞任役，殊不雅觀也。〔註93〕

〔註90〕黃叔璥：《臺海使槎錄・赤崁筆談・習俗》，臺灣文獻叢刊，第四種，卷二，頁 38～39。

〔註91〕孫元衡：《赤崁集・丙戌》，臺灣文獻叢刊，第一○種，卷二，頁 38。

〔註92〕《晉書・五行志・中》：「元康中，天下商農通著大鄣日。時童謠曰：「屠蘇鄣日覆兩耳，當見瞎兒作天子。」，上網日期：20150630，網址：http://ctext.org/wiki.pl?if=gb&chapter=351883。

〔註93〕黃叔璥：《臺海使槎錄・赤崁筆談・習俗》，臺灣文獻叢刊，第四種，卷二，頁 42。

黃叔璥提出了臺人穿衣服喜歡將衣衫露出在外面，稱為「龍擺尾」，又有將襪子不綁好，任由它脫落在足面上，稱為「鳳點頭」，且農夫或是做苦力工作的人都是穿著價值不菲的雲履、綢衫從事辛勞的工作，非常的不適當。

鄭大樞的〈風物吟〉又有臺人在農曆三月三日祭祀祖先時的衣著，如下：

十一首之二

宜雨宜晴三月三，糖漿草粿祀先龕。鳳頭龍尾衣衫擺，踏遍郊□酒已酣。（三日節，搗鼠麴草合米粉為粿以祀祖先；褲出衫外曰龍擺尾，襪不繫帶曰鳳點頭）。

由詩中可知：臺灣在農曆三月三日祭祀祖先時，當時衣著的潮流是鳳點頭、龍擺尾，在宦遊詩人的眼中，實在是難以認同，所以書之於詩。

乾隆 6 年來臺張湄（？～？），亦有論及臺人衣著「鳳頭龍尾」之作，如〈衣服〉：

鳳頭龍尾好衣裾，錦繡偏諸謝不如。若使賈生來此地，未知流涕更何如。〔註94〕

張湄對於臺人鳳頭龍尾的衣著，相當不滿意，所以用賈生憂國憂民的眼淚來表達自己心中的批判。

錢琦（1704～？）乾隆 16 年（1751）二月任巡臺御史亦有論及鳳頭龍尾之處：

〈臺灣竹枝詞，二十首之八〉

一身拖沓龍搖尾，兩足盤跚鳳點頭。不論傭夫與販豎，綺羅各要鬥風流（作者註：「衣服不衷，褲露衣外，名曰龍搖尾。襪不繫帶，脫落足面，曰鳳點頭。雖荣傭與役悉以此為華美。錦觀相習成風，牢不可破。」）

在乾隆初期，臺灣男子的衣著仍是鳳點頭、龍擺尾。看在宦遊詩人的眼中，仍是相當的不倫不類。

或許是與內地的交流漸多，有關臺人不倫不類的衣著之敘述在乾隆以後，就沒有記錄了。

〔註94〕錢琦：〈臺灣竹枝詞〉，《全臺詩——智慧型全臺詩知識庫》，上網日期：20141102，網址：http://xdcm.nmtl.gov.tw/twp/b/b02.htm。以《柳漁詩鈔》為底本。此詩又載董天工《臺海見聞錄》。

許青麟（？～？），清道光年間（1821～1850）人士，有〈雨衣〉之作：

> 碧油製就膩羅紈，冒雨行來蔽體寬。兼採棕櫚消暑濕，也偕襏襫禦
> 春寒。濛濛絲散分如織，點點珠跳瀉即乾。最好天晴橫翠桁，綠簑
> 影外一漁竿。〔註95〕

隨著時代物質生活的進步，雨中時除了傘、蓑衣可以避雨之外，又有雨衣的出現。詩人許青麟因為甚感新奇，所以就寫下以雨衣為題的詩作。由前四句可以看出雨衣的特別之處於衣上塗有碧油，可以使得衣服不濕。另外，衣服中有棕櫚的材質，所以也不會讓人感到悶熱，既消暑濕，也可抵禦春寒。後四句，則是說明這樣的雨衣具有速乾的特色，相當好用。

清朝後期的施士洁有〈臺江新竹枝詞〉，其中有敘述「鳳頭」的詩作：

三十二首之二十九

> 繡鞋窄窄鳳頭如，恰稱圓膚六寸餘。綺席散歸伴步寒，挽郎親送上
> 藍輿。〔註96〕

施士洁筆下穿著鳳頭鞋的對象已不是乾隆以前詩人所說的男子，而是女子。在此詩中書寫的乃是歡場女子。因此，詩中「鳳頭」之語所呈現的乃是女性嫵媚的特質，與以往古典詩中所書寫的男子落拓形象大相逕庭。

日治時期，連橫《臺南竹枝詞》亦有論及歡場女子衣著的詩作，如下：

> 相裙六尺石榴紅，纖嫋腰肢對舞工。偶覺中單花樣露，小開卿莫罵
> 春風。（女子不著褲，圍有紅裙，深藏不露，即禮所謂中單也。按說
> 文，褲、脛衣也，實為今製。古今注曰：褲蓋古之裳，周武王以布
> 為之曰褶，敬王以繒為之曰褲，俱不縫口；縫口之褲，始於漢代也。）
> 〔註97〕

詩人筆下的女子不穿褲子，圍著紅裙，裙子有六尺長，顏色為石榴紅，因此給人許多想像。他又有論及歡場女子的出遊時的穿著打扮，如下：

> 輕攏寶髻重盤雲，尺五腰圍織錦紋。素手親攜蝙蝠傘，豔陽天氣好

〔註95〕許青麟：〈雨衣〉，《全臺詩——智慧型全臺詩知識庫》，上網日期：20141102，網址：http://xdcm.nmtl.gov.tw/twp/b/b02.htm。詩作收錄於徐宗幹編，海東書院刊印之《瀛州校士錄》。
〔註96〕施士洁：〈臺江新竹枝詞〉，《後蘇龕合集·後蘇龕詩鈔卷七·古今體詩五十九首·臺江新竹枝詞》，臺灣文獻叢刊，第二一五種，頁161。
〔註97〕連橫：〈臺南竹枝詞〉，《劍花室詩集·外集之一·臺南竹枝詞》，臺灣文獻叢刊，第九四種，頁123。

遊春。(婦女鬢分兩翼如鴉，髻如蜂腰，或作盤蛇。未及笄者，丫鬟雙垂，尤可人意。而耳不環、手不釧、髻不花、足不弓鞋，妙致天然。帶寬咫尺，圍腰兩三匝，倒捲而直垂之。衣袖尺許，襟廣微露。出則攜蝙蝠傘，舉止無羞澀之態。)〔註98〕

他筆下女子的形象，是日式的髮式，頭髮盤起，身穿腰圍繞兩、三匝的和服，就撐著蝙蝠傘，趁著豔陽，出去遊春。他也有談及女子腳踏木屐的情形，如下：

屧韻丁東響畫廊，凌波羅襪步生香。翱翔儘有驚鴻態，裙底鴛鴦比翼藏。(婦女皆著屧，其形如梁，作人字形，以布練或紈蒲繫於頭，兩指夾之而行，故亦分兩歧。「虛閣雜俎」載楊太眞作鴛鴦並頭蓮錦襪，又按古樂府有「黃桑柘屐蒲子履，中央有絲兩頭繫」之句，則中國古制亦如是也。凌波羅襪，勝於金蓮裹足多矣。)〔註99〕

連橫認爲女子穿著羅襪、腳趿木屐行走的優美姿態，遠較纏足的三吋金蓮，更能吸引人的目光。

林逢春（1868～1936）在1932年有〈短服姬〉：

衣服時流尚短新，只遮臍腹不遮身。逍遙市上雙峰現，觸起春情欲殺人。〔註100〕

由「只遮臍腹不遮身」、「逍遙市上雙峰現」的書寫，可知詩人站在傳統保守的立場，對於西風東漸後女子衣著過於暴露的情形，相當不認同。

二、交通工具——牛車、夜間行車

康熙時來臺的郁永河從臺江內海進入臺市府城時，就有在渡頭乘坐牛車的詩作：

雪浪排空小艇橫，紅毛城勢獨崢嶸；渡頭更上牛車坐，日暮還過赤崁城。

〔註98〕連橫：〈臺南竹枝詞〉，《劍花室詩集・外集之一・臺南竹枝詞》，臺灣文獻叢刊，第九四種，頁123～124。

〔註99〕連橫：〈臺南竹枝詞〉，《劍花室詩集・外集之一・臺南竹枝詞》，臺灣文獻叢刊，第九四種，頁123～124。

〔註100〕林逢春：〈短服姬〉，《全臺詩——智慧型全臺詩知識庫》，上網日期：20141102，網址：http://xdcm.nmtl.gov.tw/twp/b/b02.htm。此詩收於《三六九小報》第二百二十二號，「新樂府」欄，1932年10月3日，第四版，又載盧嘉興〈林珠浦先生之節序雜詠及臺南舊街名對〉。

　　渡船皆小艇也。紅毛城即今安平城，渡船往來絡繹，皆在安平、赤
　　崁二城之間。沙堅水淺，雖小艇不能達岸，必藉牛車挽之。赤崁城
　　在郡治海岸，與安平城對峙。〔註101〕

在經過「雪浪排空」的海域之後，從安平到赤崁之間，由於沙堅水淺，就算是小艇也難以到達，因此在日暮時分，常常可以看到牛車往返載送的景象。

　　朱仕玠的《小琉球漫誌》有如下的記錄：

　　舟進鹿耳門入鯤身，是為內河；水淺五、六尺，深則倍之。大船至
　　此不能復進，另換小船。遇潮退岸垂，水涸如陸，藉人力推舟，或
　　用牛車換載。〔註102〕

在舟船從鹿耳門進入鯤身時，大船不能進入，必須另換小船，遇到退潮之時，水乾涸的像陸地一樣，往往還是需要人力推船前進，或者用牛車來換載人或物品。

　　牛車為清朝臺南地區陸上運輸的重要工具，郁永河《裨海紀遊》有提及夜晚時牛車運送貨物的詩作，如下：

　　耳畔時聞軋軋聲，牛車乘月夜中行；夢迴幾度疑吹角，更有床頭蝘
　　蜓鳴。

　　牛車挽運百物，月夜車聲不絕。蝘蜓音偃忝，即守宮也；臺灣守宮
　　善鳴，聲似黃雀。〔註103〕

「耳畔時聞軋軋聲，牛車乘月夜中行」之句可知作客他鄉的旅人在臺地夜晚時常可以聽聞牛車在月夜中載運貨物的聲音。在萬籟俱寂之時，顯得更加明顯。

　　朱景英的《海東札記》有臺南地區人民用牛當做交通工具的相關記載：

　　南北路任載及人乘者，均用牛車，編竹為箱，名曰笨車。輪圍以木
　　板，板心鑿孔，橫貫堅木，無輪與輻之別。蓋臺地雨後潦水停塗，
　　有輻輞障水難行，不如木板便利也。車輒縱橫衢市間，音脆薄，如
　　哀如訴，侵曉夢回時，尤不耐聽。〔註104〕

由上文可知：臺灣不管載貨或載人，都使用牛車，稱它為「笨車」，此種交通工具是為了配合臺地特殊的氣候。在下雨之後，臺灣路上往往有積水，因此

〔註101〕郁永河：《裨海紀遊‧卷上》，臺灣文獻叢刊，第四四種，頁14。

〔註102〕朱仕玠：《小琉球漫誌‧海東紀勝（上）》，臺灣文獻叢刊，第三種，卷二，頁17。

〔註103〕郁永河：《裨海紀遊‧卷上》，臺灣文獻叢刊，第四四種，頁14。

〔註104〕朱景英：《海東札記‧記叢璅》，臺灣文獻叢刊，第一九種，卷四，頁51。

木板的車輪比有車輻的輪子利於行走。而牛車在街道上行走時，它所帶來的聲響，往往給人哀怨的感覺，彷彿在向人訴說什麼傷心的事，尤其在午夜夢迴，或是接近清晨之時，格外引人傷感。

張湄（？～？）乾隆六年（1741）由翰林院遷巡臺御史，有〈騎犢〉：

> 金勒籠頭錦轡紆，追風犢子抵神駒。晴郊鞭影搖山綠，寫出函關老子圖。〔註105〕

張湄此詩書寫出臺地不騎馬，而是騎牛，而牛的行走速度也是不慢。「晴郊鞭影搖山綠，寫出函關老子圖」二句書寫作者騎牛的愜意：在晴天的郊外，揚起鞭子，坐在牛背上搖搖晃晃地欣賞春天的景色，頗有老子在函谷關騎著牛的逍遙寫意的感覺。

錢琦在〈臺灣竹枝詞〉中亦有關於牛車的書寫：

二十首之七

> 牛車軋軋響如雷，小集街頭市未開（鄉間多用牛車載物入市，每五更車聲轔轔，絡繹不絕。）。畫角一聲煙樹曉，東方割肉早歸來（門早起多吹畫角，以聲號召。）〔註106〕

「牛車軋軋響如雷，小集街頭市未開」二句以聽覺摹寫的方式，將清領前期時臺南地區的早晨刻畫出來。當時臺南的鄉間常用牛車載物品進入市場，每天五更時車聲轔轔，軋軋響聲如雷。此時市集尚未開始，牛車就相當熱鬧。錢琦此詩書寫了屬於臺灣市集的特殊聲音。

以牛車為主的運輸，一直是清朝時期臺灣地區主要的陸上交通方式：

> 在日本人帶來汽車之前，牛車幾乎是農村與農村間、農村與市場間無可取代的運輸方式。〔註107〕

因此，牛車是屬於早期臺灣的鄉土記憶。

〔註105〕張湄：〈騎犢〉，《全臺詩——智慧型全臺詩知識庫》，上網日期：20141102，網址：http://xdcm.nmtl.gov.tw/twp/b/b02.htm。以《柳漁詩鈔》為底本。此詩又載董天工《臺海見聞錄》。

〔註106〕錢琦：〈臺灣竹枝詞〉，《全臺詩——智慧型全臺詩知識庫》，上網日期：20141102，網址：http://xdcm.nmtl.gov.tw/twp/b/b02.htm。此詩收於袁行雲《清人詩集敘錄》。

〔註107〕朱宥勳：〈汽車和現代公路碾過了什麼：呂赫若〈牛車〉〉，《電子文庫·專題·心靈轉變的物質基礎：台灣文學裡的科技物》，上網日期：20150630，網址：http://shs.ntu.edu.tw/shs/?p=25450。

三、奢

在清領時期，常有關於臺灣的人太過奢侈的紀錄：

> 且洋販之利歸於臺灣，故尚奢侈、競綺麗、重珍旨，彼此相傚；即
> 傭夫、販豎不安其常，由來久矣。（諸羅雜識）。〔註108〕

根據《臺海使槎錄》的記載：因為這裡和外國行商有時獲利甚多，所以此處生活以奢侈、綺麗、大魚大肉為風尚，連一般的小販也是如此，大家習以為常，所以令許多外地的人看到往往都不能苟同。

康熙時，孫元衡在〈田家〉時，亦有類似的書寫，如下：

> 就燠時多稼，移民力本儳。田洋惟待澤，稻耗不須芟（俗稱平田曰
> 洋。凡新集之民，不治水源，惟待雨澤，不治穢，聽其自生；然地
> 氣恆暖，時有收穫。）。香粒大於豆，蒲囊小作函（香米粒大，囊置
> 少許於中邦，豔稱方物。）。餘糧文蕷好（俗稱地瓜。），朱履荷長
> 鑱（臺俗尚奢，有衣羅衣、著朱履而耘田者。）。〔註109〕

在詩人孫元衡的書寫中，「田洋惟待澤，稻耗不須芟」表達了臺南地區的優勢：臺地因為氣候溫暖，土地肥沃，所以不需要太費力，就可以有收穫。「香粒大於豆，蒲囊小作函。餘糧文蕷好」之句記錄：香米、地瓜等農作物都有很好的收成。其中，「朱履荷長鑱」，則是批判臺地的農夫太過奢華，竟然穿著羅衣、朱履直接去耕田，實在是太過於浪費。

孫元衡又有〈村居二十餘日身在田疇宜有所慕乃蓑笠耰鋤間不類農家氣味殊足慨也因作雜詩〉，亦是批判臺地農民過於奢華，如下：

其四

> 鮮新薄葵藿，腐朽珍魚蝦。家貧食三韭，鮭菜寧不嘉。綺羅朝入市，
> 負戴夜還家。青錢隨手給，實儉名則奢。螳臂與雞肋，大言相矜誇。
> 天時亦云異，臘月薦王瓜。草木不經霜，往往見浮花。因之識民氣，
> 順應無所嗟。〔註110〕

〔註108〕黃叔璥：《臺海使槎錄・赤崁筆談・習俗》，臺灣文獻叢刊，第四種，卷二，頁38～39。

〔註109〕孫元衡：《赤崁集・戊子》，臺灣文獻叢刊，第一○種，卷四，頁66。

〔註110〕孫元衡：〈村居二十餘日身在田疇宜有所慕乃蓑笠耰鋤間不類農家氣味殊足慨也因作雜詩〉，《全臺詩——智慧型全臺詩知識庫》，上網日期：20141102，網址：http://xdcm.nmtl.gov.tw/twp/b/b02.htm。據孫元衡《赤崁集》臺銀本為底本，其餘諸本為校勘參考。

「綺羅朝入市，負戴夜還家。青錢隨手給，實儉名則奢」亦是書寫了勞作之人身著奢華的衣服做勞務，如此「不類農家氣味」，所以作者忍不住批評此地的民氣不愛惜、浪費。

藍鼎元（1680～1733）在康熙 60 年（1721）隨族人藍廷珍渡臺平朱一貴事件，擔任機要秘書。有〈臺灣近詠十首呈巡使黃玉圃先生〉，其中對當時的臺南奢華風俗不滿意：

其三

臺俗敝豪奢，亂後風猶昨。宴會中人產，衣裳貴戚愕。農惰士弗勤，
逐末趨驕惡。囂陵多健訟【囂凌多健訟】，空際見樓閣。無賤復無貴，
相將事搏博。所當禁制嚴，威信同鋒鍔【威信爲鋒鍔】。勿謂我言迂，
中心細忖度。爲火莫爲水，救時之良藥。〔註111〕

藍鼎元詩中說明了臺灣的習俗有不好的地方──過於奢華。「宴會中人產，衣裳貴戚愕。農惰士弗勤，逐末趨驕惡」之句書寫中等富裕的人家，往往在穿著上會令富有的人都感到驚愕。如此奢華的情形下，農夫、讀書人都相當不勤勞。因此藍鼎元忍不住向黃玉圃先生表達他的觀察結果，希望能對當時臺灣有所教化。

在《東瀛識略》亦有相關的記載：

臺俗華侈相尚。……傭販輿隸，衣□率用紗綢。〔註112〕

臺灣習俗以華侈相尚，而不管是傭人，或是輿夫之類的人，往往在執行例行的勤務時，還是穿著相當高級的紗綢作爲工作服，相當浪費。

夏之芳（？～？）雍正 6 年（1729）任巡臺御史兼學政，以澄敘官方、振興文教爲己任。有〈臺灣紀巡詩【臺灣雜詠百首】〉詩，如下：

五十八首之二十三

成帷成幰逐飛塵，紈袴多纏輿隸身。慣習淫奢無善俗，少年思怕老

〔註111〕藍鼎元：〈臺灣近詠十首呈巡使黃玉圃先生〉，《全臺詩──智慧型全臺詩知識庫》，上網日期：20141102，網址：http://xdcm.nmtl.gov.tw/twp/b/b02.htm。此組詩收於范咸《重修臺灣府志》〈藝文〉，又載余文儀《續修臺灣府志》〈藝文〉、薛志亮《續修臺灣縣志》〈藝文〉、蔣炳釗編《鹿洲全集》、連橫《臺灣詩乘》、陳漢光《臺灣詩錄》、許成章《高雄市古今詩詞選》。

〔註112〕丁紹儀：《東瀛識略・學校　習尚・習尚》，臺灣文獻叢刊，第二種，卷三，頁 34。

來貧。〔註113〕

夏之芳亦是書寫著臺地勞動階級仍是穿著高貴的衣料作爲工作服，所以也是讓作者相當不順眼的事，直接批判臺灣習慣奢華的生活，並沒有善良的風俗，而有所規勸。

湯世昌（？～？），乾隆 25 年（1759）抵臺接任巡臺御史，其〈巡臺紀事五十韻〉亦有論及臺灣風俗奢侈的部分：

> 帆檣頻輻輳，市井競喧闐。飽煖生宜厚，矜奢性所便。輿臺曳紈綺，
> 歌管費梧檟。〔註114〕

湯世昌說明臺灣謀生容易，所以人民相當奢華。更苦口婆心地勸導勞動人民，應要珍惜紈綺等高級的布料，不要再把它們當成工作服來使用。

除了批判勞動人民不愛物惜物的舉措，咸豐時來臺的劉家謀（1814～1853）有〈海東雜詩〉，亦論及臺灣士兵奢侈的情形：

四首之三

> 遣戍滄溟外，紛紛盡爪牙。立功誰報國，爲樂欲忘家。夜曲紅腔豔，
> 春錢白打奢。何人屯細柳，士卒獨無譁。〔註115〕

此詩書寫了臺地營地的兵卒，來到臺灣後縱情享樂、浪費、腐敗，其「爲樂欲忘家。夜曲紅腔豔，春錢白打奢」之句，即是說明他們奢靡荒唐行徑。

劉家謀有〈贈周光邰維新明經〉：

> 周郎囊空無寸權，胸間義勇常浩然。昂藏八尺好軀幹，不肯齷齪求
> 自全。烏虖海外脂膏地，三十年來漸凋敝。奢淫猶未革餘風，天降
> 災祲豈無意。流亡四野無人收，誰無妻子偏離憂。閭曹似我但扼腕，
> 赤手醫病庸能瘳。周郎慷慨蹶而起，更得同心二三子。一朝垂援出
> 里閻，別鶴離鸞乃安止（澎湖收養飢民，皆明經與魏維清、何瑞六

〔註113〕夏之芳：〈臺灣紀巡詩【臺灣雜詠百首】〉詩，《全臺詩——智慧型全臺詩知識庫》，上網日期：20141102，網址：http://xdcm.nmtl.gov.tw/twp/b/b02.htm。收於吳嗣富《重修福建通志‧續志》，又載陳漢光《臺灣詩錄》。收於劉良璧《重修福建臺灣府志》〈藝文〉。

〔註114〕湯世昌：〈巡臺紀事五十韻〉，《全臺詩——智慧型全臺詩知識庫》，上網日期：20141102，網址：http://xdcm.nmtl.gov.tw/twp/b/b02.htm。此詩收於余文儀《續修臺灣府志》〈藝文〉，又載賴子清《臺灣詩醇》、彭國棟《廣臺灣詩乘》、陳漢光《臺灣詩錄》。

〔註115〕劉家謀：〈海東雜詩〉，《全臺詩——智慧型全臺詩知識庫》，上網日期：20141102，網址：http://xdcm.nmtl.gov.tw/twp/b/b02.htm。

諸子經理其事。）。周郎周郎當知之，貧賤富貴隨人爲，長裘廣廈他
年事，莫忘蓬廬憂歎時。〔註116〕

此詩稱揚周維新之外，亦針對臺灣奢侈風俗多所批判，如「烏虖海外脂膏地，
三十年來漸凋敝。奢淫猶未革餘風，天降災祲豈無意」四句，可知劉家謀以
爲奢侈成風是天降災禍以示警惕的主要緣由。

　　何澂（？～？），光緒元年（1875）五月福建巡撫王凱泰因牡丹社事件奉
旨來臺時，隨王凱泰參幕來臺。有〈臺陽雜詠〉：

二十四首之九

馬子翊廣文作臺陽雜興三十首，余見之技癢，因就廣文詩所未及者
得詩二十四首。

生財容易易繁華，纏首青藍盡縐紗（漳、泉人畏風，恆以布纏首；
臺人亦纏首，多易以藍黑縐紗長丈餘，環繞五、六匝以爲美觀。）。
擺尾如龍爭自便（褲之露於衫外者，寬、長約尺有半，曰「龍擺尾」。），
點頭似鳳動相誇（襪不繫帶，任其脫覆足面，曰「鳳點頭」。）濃薰
鶯粟甘於薺（鴉片盛行，較內地更甚。），細嚼雞檳慣代茶（男女均
嗜檳榔，咀嚼不去口，唇齒皆殷。客至，亦必以獻，以代茶。）。披
得蘇裾瓜子領（男子短衣，每過膝；襟多直下，曰「蘇裾」。領則不
論頸之瘦，多上圓下尖，半露其胸，曰「瓜子領」。），輿臺衣帛不
爲奢（傭販輿隸，衣褲率用紗綢。）。〔註117〕

「生財容易易繁華，纏首青藍盡縐紗」之句說明同治年間的臺灣依然是生財
容易的地區，居民習性流於奢華，纏首所用的布料都是高級的縐紗材質。最
後「輿臺衣帛不爲奢」之句，可知臺灣人民在日常生活之中，仍有以華貴的
衣料作成工作服的情形。

　　日治時期，臺南的詩人王則修（1867～1952），亦有〈生活改善〉二首，
呼籲應該要節儉：

其一

浪費眞無度，由來礙所生。翻將奢侈戒，自得室家盈。實業勤開拓，

〔註116〕劉家謀：〈贈周光郎維新明經〉，《全臺詩——智慧型全臺詩知識庫》，上網日
　　　　期：20141102，網址：http://xdcm.nmtl.gov.tw/twp/b/b02.htm。
〔註117〕何澂：〈臺陽雜詠〉，《臺灣雜詠合刻‧臺灣雜詠合刻‧臺陽雜詠》，臺灣文獻
　　　　叢刊，第二八種，頁66。

農工切倂營。最宜迷信破，虛耗害非輕。〔註118〕

此詩中，王則修先針對臺南人民的生活發表看法，主張人們應有所進步，不可以再有奢靡成風的敘述。

其二

浩大嗟生活，聲高唱改良。能安衣食住，勿讓酒煙倡。勤儉爲家寶，
奢華耗國光。試看貧賤者，多半散財郎。〔註119〕

王則修在此詩亦是書寫奢華的弊端，是以大聲地提倡勤儉，有所改革。

謝汝銓（1871～1953）在 1909 年〈恭讀戊申（1908）詔敕〉亦表明應該戒除驕奢：

平和今世界，處處伏危機。經國有謀略，煌煌聖訓垂。文明察趨勢，
日進無窮期。邦交互尊重，幸福好相貽。孤立以爲國，危險不可思。
勢力計相等交誼可維持。富強視貧弱，分隔情自離。力圖治產業，
藉固邦國基。需用與供給，兩者得其宜。勤儉互相誡，驕奢弊勿滋。
國土愈恢拓，皇威益遠彌。憶昔滿韓野，強俄虎踞時。我皇赫斯怒，
膺懲動六師。嚴冬風雪裡，熱血灑健兒。仁者世無敵，俄人竟伏雌。
風雲收戰局，五載瞬於茲。糧械糜鉅款，國力亦云疲。方今籌補救，
以塞此漏巵。宸廑勞及此，處安不忘危。好共銘心版，身體力行之。
〔註120〕

謝汝銓忠告民眾在現代社會中要互相勸告以勤儉爲尚，所以有「勤儉互相誡，驕奢弊勿滋」告誡民眾勿過度驕奢的句子。詩人在 1930 年同樣有〈嗟盂蘭盆會〉，批判水陸道場過於浪費：

豪奢七月紛普度，尚鬼南人迷未悟。道場水陸廟門多，泥沙金錢皆

〔註118〕王則修：〈生活改善〉，《全臺詩——智慧型全臺詩知識庫》，上網日期：
　　　　20141102，網址：http://xdcm.nmtl.gov.tw/twp/b/b02.htm。此詩收於《則修先
　　　　生詩文集‧雜篇》，第二首又載鄭金柱《現代傑作愛國詩選集》、盧嘉興〈日
　　　　據時期南縣詩文大家王則修〉。

〔註119〕王則修：〈生活改善〉，《全臺詩——智慧型全臺詩知識庫》，上網日期：
　　　　20141102，網址：http://xdcm.nmtl.gov.tw/twp/b/b02.htm。此詩收於《則修先
　　　　生詩文集‧雜篇》，第二首又載鄭金柱《現代傑作愛國詩選集》、盧嘉興〈日
　　　　據時期南縣詩文大家王則修〉。

〔註120〕謝汝銓：恭讀戊申（1908）詔敕〉，《全臺詩——智慧型全臺詩知識庫》，上網
　　　　日期：20141102，網址：http://xdcm.nmtl.gov.tw/twp/b/b02.htm。此詩收於《漢
　　　　文臺灣日日新報》，「瀛社詩壇」欄，1909 年 6 月 24 日，第四版。

不顧。爐主按圖索驥如，所需經費半強募。先放河燈後盂蘭，公普私普期難誤。盤盂碗碟列長筵，海錯山肴用無數。獸禽殺盡供犧牲，大者豚羊小雞鶩。相逢便說經濟難，節儉不知猶如故。富家揮霍縱無妨，貧戶盧慶慘誰訴。吁嗟乎，方今失業人正多，忍餓徬徨在歧路。賑鬼何如籌賑人，四海義聲差可布。〔註121〕

謝汝銓「泥沙金錢皆不顧」、「盤盂碗碟列長筵，海錯山肴用無數。獸禽殺盡供犧牲」之句皆是批判盂蘭盆會時的鋪張浪費，最後「賑鬼何如籌賑人，四海義聲差可布」之句表示：現在失業的人相當多，也有一些正在餓肚子的人，為什麼不多多關懷他們呢？

林維朝（1868～1934）在〈臺灣雜詠〉亦論及臺南地區風俗太過奢華：

其五

年來世界號金銀，簪珥衣衫鬥巧新。窮盡奢華極盡欲，澆風何日化良淳。〔註122〕

在較以往繁華富庶的社會中，詩人以為大家的衣著裝扮仍是相當奢華。最後「窮盡奢華極盡欲，澆風何日化良淳」之句，詩人不禁發出感嘆：如此窮極奢華的風俗何時才會變得淳厚樸實呢？

四、賭

康熙年間《臺海使槎錄》中就有提及臺人賭博的情形，如下：

賭博，惡業也：父不禁其子，兄不戒其弟，挾資登場，叫號爭鬨，始則出於典鬻，繼則流於偷竊，實長奸之囮也。〔註123〕

綜上所述，黃叔璥以為：賭博，一般而言，都認為是一件相當不好的事。但是，在臺灣父親沒有禁止兒子賭博，兄長也沒有要求弟弟要戒除。所以，常常可以看到臺南地區的民眾帶著資本就上賭場，大聲地叫鬧，之後就有典當、

〔註121〕謝汝銓：〈嗟盂蘭盆會〉，《全臺詩——智慧型全臺詩知識庫》，上網日期：20141102，網址：http://xdcm.nmtl.gov.tw/twp/b/b02.htm。此詩收於《臺灣日日新報》，「詩壇」欄，1930 年 9 月 10 日，第四版，又載《奎府樓詩草》。

〔註122〕林維朝：〈臺灣雜詠〉，《全臺詩——智慧型全臺詩知識庫》，上網日期：20141102，網址：http://xdcm.nmtl.gov.tw/twp/b/b02.htm。此詩收於陳素雲《林維朝詩文集・初輯集》。

〔註123〕黃叔璥：《臺海使槎錄・赤崁筆談・習俗》，臺灣文獻叢刊，第四種，卷二，頁 38～39。

賣東西的事情出現，接著亦有偷竊的傳聞發生。賭博，實在是很多不好的事
情的源頭。在黃。

黃叔璥又在同樣一書中詳細記載臺灣人民賭博的玩法：

> 士夫健卒喜賭博，永夜謹呶呼盧之外，或壓銅錢射寶字以賭勝，名
> 曰壓寶。又爲紙牌三十六頁，分文、武、院、科四項；文尊閣老，
> 武尊國公，院尊學士，科尊狀元；每項九等納粟，列庶吉士之上。

〔註124〕

在當時的臺灣不只是軍人喜歡賭，讀書人也喜歡。除了整夜的叫囂歡呼擲骰
子之外，也有壓銅錢的賭法。另外，也有用紙牌的玩法，分成36頁，文、武、
院、科四項，又有所謂的專有名稱，相當繁複。

同治年間刊刻的《東瀛識略》上亦有關於賭博的紀錄：

> 習之惡者，更有賭博。衙門兵役皆月有規禮，故敢明目張膽爲之；
> 夜則門懸巨燈，數人遮客於途。廟戲、市集，環排數十桌，如列肆
> 然。工商輩得資較易，視之遂輕，一擲多金，囊空弗顧。近來物力
> 漸衰，鄉鎮猶然，城市稍斂戢矣。〔註125〕

由上可知，丁紹儀認爲臺南地區的人民喜歡賭，公堂之中的兵役都收受賄賂，
賭場都是明目張膽的營業。夜晚之時，他們會在門前懸掛著巨大的燈，就開
始營業，在廟前有戲劇演出或是市集出現的時候，就有數十桌，圍成一圈，
好像在賣東西似的。有一些經營工商業的人，他們錢賺得又快又多，常常賭
得很大，往往袋子裡沒錢，也不管不顧地賭。最近幾年（同治）臺灣的經濟
沒有以往景氣，所以，鄉鎮之間賭博的風氣仍然依舊，但是在臺灣府城內已
是稍微收斂一些了。

隨著來臺平定朱一貴事件的藍鼎元有〈臺灣近詠十首呈巡使黃玉圃先
生〉：

十首之三

> 臺俗敝豪奢，亂後風猶昨。宴會中人產，衣裳貴戚愕。農惰士弗勤，
> 逐末趨驕惡。囂陵多健訟【囂凌多健訟】，空際見樓閣。無賤復無貴，

〔註124〕黃叔璥：《臺海使槎錄・赤崁筆談・習俗》，臺灣文獻叢刊，第四種，卷二，
頁43。
〔註125〕丁紹儀：《東瀛識略・學校　習尚・習尚》，臺灣文獻叢刊，第二種，卷三，
頁36。

相將事摴博。所當禁制嚴，威信同鋒鍔【威信爲鋒鍔】。勿謂我言迂，
中心細忖度。爲火莫爲水，救時之良藥。〔註126〕

由「無賤復無貴，相將事摴博」之句，可以知道在詩人的眼中，臺地的人很
喜歡賭博，不管家裡是貧窮還是富裕，常常都有人在賭博。

　　道光、咸豐年間的陳維英（1811～1869），亦有〈新春戒賭〉，表明其反
對賭博的立場：

八首之四

動輒相爭平地雷，囊錢輸盡竊機開。賭場流弊原非小，盜賊巢窠械
鬥媒。〔註127〕

陳維英指出在新春之時，臺灣的人喜歡賭博，而每當賭徒將錢輸光的時候，
就有竊盜的動機了。所以他呼籲新春時應該要戒賭，因爲這是偷盜的源頭。

　　王凱泰（1823～1875）光緒元年 5 月來臺，〈臺灣雜詠〉亦論及臺人賭博
之事，如：

三十二首之十二

車馬分排局陣新（賭具仿象棋式。），場中熱鬧往來頻。牧豬奴戲成
風氣，半是同袍同澤人（營兵開場，汛弁得規；嚴禁澈查，以清其
源。）〔註128〕

「車馬分排局陣新（賭具仿象棋式。），場中熱鬧往來頻」二句書寫賭具仿象
棋的形式，所以可以排列成陣，而賭場中相當熱鬧，顯現氣氛相當熱烈。「牧
豬奴戲成風氣，半是同袍同澤人」之句則是表達了士兵涉賭已成風氣，由此
可以推知當時臺灣地區公權力不彰，吏治敗壞的清形相當嚴重。而王凱泰身
爲地方官，對此相當重視，表示要嚴格禁止。

〔註126〕藍鼎元：〈臺灣近詠十首呈巡使黃玉圃先生〉，《全臺詩——智慧型全臺詩知識
　　　　庫》，上網日期：20141102，網址：http://xdcm.nmtl.gov.tw/twp/b/b02.htm。此
　　　　組詩收於范咸《重修臺灣府志》〈藝文〉，又載余文儀《續修臺灣府志》〈藝文〉、
　　　　薛志亮《續修臺灣縣志》〈藝文〉、蔣炳釗編《鹿洲全集》、連橫《臺灣詩乘》、
　　　　陳漢光《臺灣詩錄》、許成章《高雄市古今詩詞選》。
〔註127〕陳維英：〈新春戒賭〉，《全臺詩——智慧型全臺詩知識庫》，上網日期：
　　　　20141102，網址：http://xdcm.nmtl.gov.tw/twp/b/b02.htm。收於陳維英《偷閒
　　　　集》。
〔註128〕王凱泰：《臺灣雜詠合刻・臺灣雜詠合刻・臺灣雜詠三十二首（原註)》，臺灣
　　　　文獻叢刊，第八種，頁 43。

許南英在 1886 年有〈臺灣竹枝詞〉年之作，亦有論及賭博：

之一

年年春色到瀛東，爆竹如雷貫耳中。鎮日消寒惟有賭，一聲恭喜萬

人同。〔註129〕

從「鎮日消寒惟有賭，一聲恭喜萬人同」之句可知：在春節期間除了有爆竹
聲響如雷貫耳外，能夠抵禦整日寒冷的就是賭博這個活動。由此可知，在臺
南地區新春期間賭博是常見的事。

日治時期，蔡佩香（1867～1925）有〈臺灣彩票歌〉：

官書烺烺下如煎，僉曰富籤得自天。頭彩金五萬，二彩金十千，三
彩四彩五彩六彩七彩隨次編。一張票，賣五圓，票局宏開淡北之西
偏。咸謂臺灣島政絕後而空前，政府殖民妙策如是旃。創於明治三
十九年，電掣星馳雲海邊。驅利如驅火牛然，官命郵局報紙傳。市
民聞之口垂涎，渾如小蟻附腥羶。中者喜若狂，望者神如顛。男婦
傴僂傾囊爲解纏，車雲汗雨來爭先。局人鞅掌民摩肩，揮五金，得
寸箋。箋上列號饒紅鮮，懷之短袖走且嫣。自云中頭彩，可以購園
田，築臺榭，得嬋娟。一年富翁十二齊蟬聯。黃金地，活神仙。誰
知首中無一島人焉。島人一見昂頭延，督府記室何翩翩。遮莫本島
民慮蠋，改定十金書可填，五回頭彩十萬員，贏揚卻勝如賭宣。嗚
呼，贏揚卻勝如賭宣。〔註130〕

由「市民聞之口垂涎，渾如小蟻附腥羶。中者喜若狂，望者神如顛。男婦傴
僂傾囊爲解纏，車雲汗雨來爭先。局人鞅掌民摩肩，揮五金，得寸箋。箋上
列號饒紅鮮，懷之短袖走且嫣」之句，仔細地描摹日治時期發行彩票，讓全
臺民眾爲之瘋狂，大家解囊祈求中獎，發夢不已的情形。眾人趨之若鶩，摩
肩接踵，拽著彩券，懷著美夢：「自云中頭彩，可以購園田，築臺榭，得嬋娟。
一年富翁十二齊蟬聯。黃金地，活神仙」。然而中獎的比例卻是「誰知首中無
一島人焉」，此爲當時日本政府做莊家，臺灣人民瘋彩票下注的寫照。

王則修（1867～1952）有〈賭博弊害〉，書寫賭博的缺點：

〔註129〕許南英：〈臺灣竹枝詞〉，《窺園留草・丙戌三十二首・臺灣竹枝詞》，臺灣文
　　　　獻叢刊，第一四七種，卷一，頁 10。

〔註130〕蔡佩香：〈臺灣彩票歌〉，《全臺詩——智慧型全臺詩知識庫》，上網日期：
　　　　20141102，網址：http://xdcm.nmtl.gov.tw/twp/b/b02.htm。

莫穿柳巷與花街，蕩盡金錢事業乖。毋吸洋煙遭國法，休貪賭博嗜
牙牌。精神有限傷邪境，疾病牽纏陷禍階。青年守身宜作範，保全
父母愛形骸。〔註131〕

詩人在「休貪賭博嗜牙牌。精神有限傷邪境，疾病牽纏陷禍階」中敘述賭博
會傷人精神、使人致病，災禍纏身。所以主張，應要戒除賭博陋習。

謝汝銓在 1942 年有〈競馬　得渡字〉：

沖霄號砲鳴，逐隊奔前路。虎脊耀拳毛，龍媒騰健步。周迴恣樂觀，
奢靡輕孤注。勝敗散紛然，夕陽斜古渡。〔註132〕

臺灣本來無馬，但詩人謝汝銓此首應和之詩中卻有賭馬的描述，可見賭博的
名目相關繁多，喜歡賭的人，隨時都可以開發新的項目。

五、吃檳榔

時至今日，臺灣的街道上，仍然常常可以看到販賣檳榔的攤位，而在清
領時期，常常有臺地的人喜歡吃檳榔的紀錄，如下：

男女尤嗜檳榔，咀嚼不去口，日茹百餘文不惜，客至必以獻，不以
茶酒為敬。〔註133〕

《東瀛識略》記載：臺地不管男女都非常喜歡吃檳榔，每日花了一百文錢都
不吝惜，而每次客人來訪時，必定用檳榔來代替茶酒，款待客人，表示心意。
康熙時期，郁永河來臺，就有檳榔的詩作出現：

獨幹凌霄不作枝，垂垂青子任紛披；摘來還共蔞根嚼，贏得唇間盡
染脂。

檳榔無旁枝，亭亭直上，□體龍鱗，葉同鳳尾。□子形似羊棗，土
人稱為棗子檳榔。　食檳榔者必與蔞根、蠣灰同嚼，否則□口且辣。
□食後口唇盡紅。〔註134〕

〔註131〕王則修：〈賭博弊害〉，《全臺詩——智慧型全臺詩知識庫》，上網日期：
　　　　20141102，網址：http://xdcm.nmtl.gov.tw/twp/b/b02.htm。此詩錄自王則修〈賭
　　　　博弊害論〉，收於《長興青年》第一號，1931 年 7 月 30 日。
〔註132〕謝汝銓：〈競馬　得渡字〉，《全臺詩——智慧型全臺詩知識庫》，上網日期：
　　　　20141102，網址：http://xdcm.nmtl.gov.tw/twp/b/b02.htm。此詩收於《崇聖道
　　　　德報》第四十三號，「詩壇」欄，狷蘭吟社課題，1942 年 9 月 28 日。
〔註133〕丁紹儀：《東瀛識略‧學校　習尚‧習尚》，臺灣文獻叢刊，第二種，卷三，
　　　　頁 34。
〔註134〕郁永河：《裨海紀遊》，臺灣文獻叢刊，第四四種，卷上，頁 15。

詩人書寫檳榔樹的外觀，並且說明臺灣的人會將它和簍根、蠣灰一起共同嚼食，因此口唇之間常常有紅紅的顏色。

張湄（？～？），乾隆6年（1741）四月十二日由翰林院遷巡臺御史，兼理提督學政，其〈檳榔〉之作：

> 睚眦小忿久難忘，牙角頻爭雀鼠傷。一抹腮紅還舊好，解紛惟有送
> 檳榔。〔註135〕

「一抹腮紅還舊好，解紛惟有送檳榔」書寫檳榔是臺灣人民若有紛爭需要和解時，用來表示誠意的最好禮物。

范咸（？～？），乾隆10年（1745）四月任巡臺御史兼理學政，亦有描寫檳榔的作品，如下：

檳榔

> 南海嗜賓門（檳榔一名賓門。），初嘗面覺溫。苦饑如中酒，得飽勝
> 朝餐【得飽謝朝餐】。種必連椰子（檳榔不與椰樹間栽則花不實），
> 功寧比稻孫。瘴鄉能已疾，留得口脂痕。〔註136〕

范咸在此詩中說明了吃檳榔的感覺，「初嘗面覺溫」句表示剛開始吃檳榔時，覺得臉有溫熱的感覺。「瘴鄉能已疾，留得口脂痕」說明吃檳榔的功效——可以防瘴厲之氣，所以他也入境隨俗的吃得口脂留痕。

陳斗南（？～？），乾隆間（1736～1795）邑諸生。有〈檳榔〉：

> 臺灣檳榔何最美，蕭籠雞心稱無比。乍嚙面紅發軒汗，駭鵝風前如
> 飲酏。人傳此果有奇功，內能疏通外養齒。猶勝波羅與椰子，多食
> 令人厭鄙俚。我今已客久成家，不似初來畏染指。有時食鱉苦羶腥，
> 也須細嚼淨口舐。海南太守蘇夫子，日啖一粒未為侈。紅潮登頰看
> 婆娑，未必膏粱能勝此（東坡〈食檳榔詩〉云：「先生失膏粱，便腹
> 委敗鼓。日啖過粒，腸胃為所侮。」）〔註137〕

〔註135〕張湄：〈檳榔〉，《全臺詩——智慧型全臺詩知識庫》，上網日期：20141102，
　　　　網址：http://xdcm.nmtl.gov.tw/twp/b/b02.htm。以《柳漁詩鈔》為底本。此詩
　　　　收於陳培桂《淡水廳志》〈文徵〉、蔡振豐《苑裡志》〈文徵〉、董天工《臺海
　　　　見聞錄》、賴子清《臺灣詩海》、陳漢光《臺灣詩錄》、許成章《高雄市古今詩
　　　　詞選》。
〔註136〕范咸：〈檳榔〉，《臺海見聞錄‧臺果》，臺灣文獻叢刊，第一二九種，卷二，
　　　　頁51。
〔註137〕陳斗南：〈檳榔〉，《全臺詩——智慧型全臺詩知識庫》，上網日期：20141102，

陳斗南此詩書寫當時臺灣的檳榔以蕭籠的雞心檳榔最優良，在吃檳榔時常常會有面紅發汗的反應。傳聞中，也有認為檳榔可以疏通體內的血脈，也可以保養人的牙齒。所以作者也就隨著當地的流俗，開始吃檳榔。最後並以蘇軾的〈食檳榔詩〉相比，說明自己也是同好中人。

乾隆時，朱仕玠在《小琉球漫誌》中亦有檳榔的相關記載：

> 蔞葉包灰細嚼初，何殊辣刺強含茹。新秋恰進檳榔棗，兩頰浮紅亦自如。臺地檳榔乾即大腹皮，裹以蔞葉、石灰，食之刺口。惟初出青色大如棗者，名檳榔棗，不用蔞葉，惟夾浮留藤及灰食之，甚佳。
> 〔註138〕

朱仕玠指出：吃檳榔必挾帶著蔞葉、石灰，不過，口味相當刺激。在秋天時，有檳榔棗，只要和著浮留藤及灰來吃，風味很好。

咸豐時期來臺的劉家謀在〈海音詩〉亦有論及臺灣特殊風俗——若人民有爭吵，可以用檳榔當成和解的禮物，如下：

一百首之七三

> 里閭搆訟，大者親鄰置酒解之；小者饋以檳榔，不費百錢而消兩家睚眥之怨。余嘗為贊曰：「一口之貽，消怨釋忿；胡文告之煩而敝其唇吻。」
> 鼠牙雀角各爭強，空費條條語誠詳【空費條條話誠詳】。解釋兩家無限恨，不如銀盒捧檳榔。〔註139〕

劉家謀在此詩的敘述中，說明了要消解吵架中的嫌隙，最好的方式就是用銀盒捧著檳榔去和解，最能讓人感受到誠意。說明了臺灣人非常喜愛檳榔，同時心胸也相當寬大。

光緒年間，黃逢昶有〈臺灣竹枝詞〉中亦有論及檳榔：

> 檳榔何與美人妝？黑齒猶增皓齒光；一望色如春草碧，隔窗遙指是吳娘（臺中婦女，終日嚼檳榔；嚼成黑齒，乃稱佳人）。〔註140〕

網址：http://xdcm.nmtl.gov.tw/twp/b/b02.htm。此詩收於薛志亮《續修臺灣縣志》〈藝文〉，又載陳漢光《臺灣詩錄》。

〔註138〕朱仕玠：《小琉球漫誌・瀛涯漁唱（上）》，臺灣文獻叢刊，第三種，卷四，頁38。

〔註139〕劉家謀：《臺灣雜詠合刻・海音詩・海音詩》，臺灣文獻叢刊，第二八種，頁25。

〔註140〕黃逢昶：《臺灣生熟番紀事・臺灣竹枝詞》，臺灣文獻叢刊，第五一種，頁21。

黃逢昶在此詩說明：當時臺灣的審美眼光的特殊——美女必須口嚼檳榔，直至牙牙齒顏色都變成黑色，才是美的表現。黃逢昶亦有檳榔扇子的書寫：

> 引得清風拂面來，張葵曾畫放翁梅；何如贈我檳榔扇（檳榔扇出臺灣），一路揚仁到上台！〔註141〕

詩人認為臺灣地區有以檳榔葉子作扇，相當特殊，因而忍不住以詩歌來記錄。

到了光緒18年的《臺游日記》中，亦有記錄臺南人喜歡吃檳榔的情形：

> 市人無老稚男婦，率面色□，血不足肉，而貪著綺紈，坐起皆嚼生檳榔不去口，搖脣露齒，猩紅駭人。〔註142〕

「坐起皆嚼生檳榔不去口，搖脣露齒，猩紅駭人」之句中，唐贊袞紀綠著臺地無論男女老少都喜歡吃檳榔，常吃得口齒猩紅，令人害怕。他又有〈檳榔〉詩，如下：

> 錦紋新剖碧蓮胎，座上爭持獻客來；贏得口脂交贈好，不須恩賜出蘭臺。〔註143〕

詩中則是書寫臺南人皆以檳榔待客，客人亦相當喜愛，認為這樣的表現很有誠意。

林維朝（1868～1934）有〈臺灣雜詠〉亦論及檳榔：

其一

> 不投桃李不投瓊，只把檳榔當禮呈。盡道辛香能辟瘴，口脂濃郁酒痕生。〔註144〕

林維朝此詩亦是書寫臺人喜歡送檳榔，因為他們認為檳榔的辛香可以避瘴癘之氣，所以吃的人相當多，可以看到口裡都有吃檳榔紅紅的痕跡。

蘇鏡潭在1935年的〈東寧百詠〉中有提及臺南婦女喜歡吃檳榔：

八十七

> 猩脣初綻玉脂香，理鬢薰衣卸晚妝。嫁得弄潮好夫婿，歸來團坐喫檳榔。（臺南俗嗜檳榔，婦女尤甚，嗜久成癖，則朱脣半成焦黑，然

〔註141〕黃逢昶：《臺灣生熟番紀事‧臺灣竹枝詞》，臺灣文獻叢刊，第五一種，頁21。

〔註142〕蔣師轍：《臺游日記‧臺游日記卷一‧光緒十八年四月》，臺灣文獻叢刊，第六種，頁18。

〔註143〕唐贊袞：〈檳榔〉，《臺灣關係文獻集零‧十六　臺陽集‧檳榔》，臺灣文獻叢刊，第三〇九種，頁165。

〔註144〕林維朝：《臺灣雜詠》，《全臺詩——智慧型全臺詩知識庫》，上網日期：20141102，網址：http://xdcm.nmtl.gov.tw/twp/b/b02.htm。

迤北則無此風矣。）〔註145〕

詩人以爲臺南婦女特別喜歡吃檳榔，使得自己的唇色大半變成焦黑，而臺灣北部就沒有如此的情形。

趙鍾麒（1863～1936）亦有〈檳榔粕〉：

> 十分紅○灰殘脂，滿地拋來葉碎時。自是海南風味好，美人香口唾絨絲。〔註146〕

趙鍾麒此詩亦是書寫食用檳榔時會有檳榔渣，而由末句中可知，臺地婦女亦有喜歡吃檳榔的情形。

謝汝銓（1871～1953）在 1929 年有〈檳榔〉：

> 何止婚姻見俗儀，排紛解難正需之。可能深鎖婦長舌，含血噴天止咒辭。〔註147〕

謝汝銓此詩「排紛解難正需之」亦是強調檳榔在日常生活中有排解紛爭的效果。而「可能深鎖婦長舌，含血噴天止咒辭」之句則是戲謔地猜測其中緣由：檳榔的辛辣可以鎖住三姑六婆道人長短的舌頭，而口吐檳榔汁時亦可以止住人們在爭吵之時口中源源不絕的咒罵。其中「含血噴天」一詞相當傳神有趣。

六、結盟

清領初期，由於政策的關係，臺灣地區男女比例非常不平均，出現「羅漢腳」：

> 移墾社會的另一個特質，就是人口組成結構的不正常：起初男女比例非常不平均（男多於女），還有許多遊民，這些所謂的「羅漢腳」，往往成爲社會中的不定時炸彈。〔註148〕

〔註145〕蘇鏡潭：〈東寧百詠〉，《全臺詩——智慧型全臺詩知識庫》，上網日期：20141102，網址：http://xdcm.nmtl.gov.tw/twp/b/b02.htm。此詩收於蘇鏡潭《東寧百詠》，又載吳幅員《臺灣詩鈔》。

〔註146〕趙鍾麒：〈檳榔粕〉，《全臺詩——智慧型全臺詩知識庫》，上網日期：20141102，網址：http://xdcm.nmtl.gov.tw/twp/b/b02.htm。此詩收於《臺南新報》，「詩壇」欄，南社擊缽錄，1925 年 3 月 16 日，第五版。

〔註147〕謝汝銓：〈檳榔〉，《全臺詩——智慧型全臺詩知識庫》，上網日期：20141102，網址：http://xdcm.nmtl.gov.tw/twp/b/b02.htm。此詩收於《臺灣日日新報》，「詩壇」欄，1929 年 6 月 10 日，第八版。

〔註148〕〈不安的移民社會——民變與械鬥〉，《認識南瀛別冊／台南縣國小五年級本土教材》，上網日期：20150706，網址：http://nbooks.tnc.edu.tw/4_5.htm。

單身男子爲了生存渡海來臺，本來就具有強烈的冒險犯難精神。「唐山過台灣，心肝結歸丸」的俗諺表達來臺單身男子內心的沉重。「過番剩一半，過台灣無底看」、「六死三留一回頭」也顯示他們來臺的不易。可想而知，在經歷幾番生死的關卡後，他們看待生死之類的大事，已今非昔比。黃叔璥《臺海使槎錄》中有臺灣人民喜歡結拜同盟、重視義氣的風俗：

> 又莫甚於要盟；豪健家兒聚少年無賴之徒，指皎日以盟心，撫白水而矢誓，稱兄呼弟，出妻拜母，自謂古道相期；不知往來既頻，則淫酗之累作，聲援既廣，則囂競之患生。若其喪不停柩，婢不惩配，猶爲近古之風；而視疏若親，窮乏疾苦相爲周恤，亦荒島之善俗也（諸羅雜識）。〔註149〕

黃叔璥以爲臺灣喜歡結拜，稱兄道弟，有時互相幫襯，互相扶持，有善良的風俗，雖有義氣，卻也增加了在社會上喧鬧、奔走、競爭的災禍發生的機率。

趙翼（1727～1814）在平定林爽文的亂事中，曾有〈擬杜甫諸將〉，論及臺人歃血爲盟之事：

其二

> 絕島桑麻久太平，僑居人總買田耕【僑居人總買山耕】。但存清吏埋羹節，那有奸民歃血盟。諧價苞苴官判牘，曼聲絲肉妓傳觥。釀成一片塗膏地，太息憑誰問主名。〔註150〕

趙翼在詩中以爲臺灣地區太平已久，是許多僑居之人喜愛買田耕種的區域。「但存清吏埋羹節，那有奸民歃血盟」之句直言：只要來臺治理的官吏沒有貪污之事，就不會有亂民歃血爲盟，起來作亂。此詩中，趙翼對清朝治臺的官吏貪污有所批判。

劉家謀在〈海音詩〉中有以臺灣的竹子爲譬喻，提及咸豐時期臺南地區人民結拜爲兄弟的風俗：

一百首之六八

> 臺竹生筍不出叢外，連根相附爲藩籬城郭之資。不拘年齒，推強有力者爲「大哥」；一年少者殿後，曰「尾弟」。歃血爲盟，相稱以行次；凶終隙末，曾不移時。

〔註149〕黃叔璥：《臺海使槎錄・赤崁筆談・習俗》，臺灣文獻叢刊，第四種，卷二，頁38～39。

〔註150〕趙翼：〈擬杜甫諸將〉，《臺灣詩乘》，臺灣文獻叢刊，第六四種，卷三，頁114。

密密根連未肯疏，故應外禦藉棻棻【故應外禦藉棻棻】。大哥尾弟空聯臂，持較同懷總不如。〔註151〕

劉家謀在詩序中說臺人有結拜的情形，兄弟之間不以年歲長者為優先，而是以強而有力的人為大哥，而年少的人在最後，在歃血為盟之後，彼此多用排行相稱，若兄弟有事，常常會結黨對外，然而也有交誼不長的事情出現。所以他在詩中以臺灣的竹子密密根連為城郭的藩籬來比喻這樣的結拜關係，然而和同血脈的親人相較，結拜的兄弟當然不如同血源的關係親密。

王則修（1867～1952）有〈同盟酒〉二首，即是描寫異姓結拜的情形：

其一

義結桃園酒一樽，同生同死此堪論。不須白馬烏牛殺，但把黃雞綠蟻溫。飲罷弟兄盟日月，傾來肝膽照乾坤。他年車笠相逢下，始信當初誓志存。〔註152〕

詩人以桃園三結義為比喻，說明臺灣有結拜為兄弟的習俗。彼此之間肝膽相照。然而在多年之後，有發達者和落魄者相逢，彼此態度依然如故時，才能證明當年的誓言是真實不變。

其二

不是賓朋聚會紛，尋常斗酒快論文。醺醺綠映桃園滿，肝膽青搖竹葉芬。飲罷弟兄聯異姓，醉餘生死結同群。一樽把向神前誓，車笠何愁冷暮曛。〔註153〕

在神佛之前發誓的義結金蘭，是相當嚴肅的盟約。一旦盟約成立，是不論富貴或貧賤，如此都必須認真對待。即使在日後有人發達、有人不得意，皆無須顧慮彼此的情誼會隨之改變。

七、吸食鴉片

《臺海使槎錄》中即有鴉片煙的記錄，可知在清領初期，在臺灣就有鴉片煙：

〔註151〕劉家謀：《臺灣雜詠合刻‧海音詩‧海音詩》，臺灣文獻叢刊，第二八種，頁24。
〔註152〕王則修：〈同盟酒〉，《全臺詩——智慧型全臺詩知識庫》，上網日期：20141102，網址：http://xdcm.nmtl.gov.tw/twp/b/b02.htm。
〔註153〕王則修：〈同盟酒〉，《全臺詩——智慧型全臺詩知識庫》，上網日期：20141102，網址：http://xdcm.nmtl.gov.tw/twp/b/b02.htm。

鴉片煙，用麻葛同鴉土切絲於銅鐺內煮成鴉片，拌煙另用竹筩實以椶絲，群聚吸之。索值數倍於常煙。專治此者，名開鴉片館。吸一、二次後，便刻不能離。暖氣直注丹田，可竟夜不眠。土人服此爲導淫具；肢體萎縮，臟腑潰出，不殺身不止。官弁每爲嚴禁。常有身被逮繫，猶求緩須臾，再吸一筩者。鴉片土出噶喇吧。〔註154〕

由「常有身被逮繫，猶求緩須臾，再吸一筩者」可知，吸食鴉片煙會使人上癮，直到死亡爲止，常有被查緝的人，還在向執法的人求情，希望稍待一會，能讓他們再吸一次，至死不悟的情形，相當可怕。

藍鼎元在〈與吳觀察論治臺灣事宜書〉中亦提及臺灣人民吸食煙片已成風俗，如下：

鴉片煙不知由何來，以銅鍋煮，煙筒如短棍。無賴惡少，群聚夜飲，遂成風俗。飲時以蜜糖諸品及鮮果十數碟佐之。誘後來者，初赴飲不用錢，久則不能自已，傾家赴之矣。能通宵不寐，助淫慾。始以爲樂，後遂不可復救。一日輟飲，則面皮頓縮，唇齒齞露，脫神欲斃。復飲乃愈。然三年之後，無不死矣。聞此爲狡黠島夷，誑傾唐人財命者。(南洋諸番稱中國爲唐，猶言漢云。今臺灣人稱內地亦曰唐山)。愚夫不悟，傳入中國已十餘年，廈門多有，而臺灣特甚，殊可哀也！〔註155〕

從「然三年之後，無不死矣……愚夫不悟，傳入中國已十餘年，廈門多有，而臺灣特甚，殊可哀也」的敘述中可以知道吸食鴉片上癮的人往往在三年之後都會死亡，然而臺人上癮的數量，比中國、廈門等地都還要嚴重，令人感到悲哀。

咸豐時期，劉家謀在〈海音詩〉中有提及臺南地區人民喜歡吸食鴉片：

一百首之六九

臺人以甘蔗爲鴉片煙桿，上者一根值數金。

靈根轉眼化枯荄，毒火銷磨百事乖。學得顧長康食蔗，漫云漸入境

〔註154〕黃叔璥：《臺海使槎錄・赤崁筆談・習俗》，臺灣文獻叢刊，第四種，卷二，頁43。

〔註155〕藍鼎元：〈與吳觀察論治臺灣事宜書〉，《平臺紀略・附錄目次・與吳觀察論治臺灣事宜書　甲辰》，臺灣文獻叢刊，第一四種，頁50。

能佳。〔註156〕

詩人提及臺人用甘甘庶爲鴉片煙桿。因此甘庶上等的 1 根價值數金。詩人首
二句「靈根轉眼化枯荄，毒火銷磨百事乖」批判吸食鴉片的人轉眼之間，讓
自己的生命力流逝，所有的正面的、積極的事全部都在毒火中化爲雲煙。並
主張應學顧愷之倒吃甘蔗的方法，讓自己健康地吃到了屬於人生的甜美。

　　劉家謀在〈海音詩〉中亦提及營卒開煙渣館不法之事：

一百首之七十

煙渣館，多營卒所開；收鴉片煙灰，熬而賣之。地狹不足度床，每
隔爲兩、三層以待來者。無賴之輩囊無一錢，至爲小偷，覓數十文
以求度癮。

舐罷餘丹尚共爭，淮南雞犬可憐生。漫將上下床分別，如豆燈光數
不清。〔註157〕

煙渣爲鴉片的煙灰，仍被不肖的士兵所利用，收集之後，熬煮賣給有毒癮的
人。有煙癮但沒有錢的人會到這裡來消費。因爲人很多，地卻狹窄，又將他
們分爲上下床，往往有許多豆大的燈光在黑暗處燃起，就是他們正在吸食煙
渣，屬於人的尊嚴在此蕩然無存。

　　除了一般百姓之外，較有知識的讀書人也有沉迷於鴉片的情形，王凱泰
（1823～1875）〈臺灣雜詠〉有所敘述，令人心驚：

三十二首之十

有味青燈短榻橫，米囊流毒到書生；癡心欲立回頭岸，一一竽吹識
姓名（臺屬士子近多染食鴉片，令書院監院官擇敦品之士各給一簿，
將食煙者注名於上；悔悟自新，即行登注；按月呈送，以備查核）。

〔註158〕

「有味青燈短榻橫，米囊流毒到書生」二句呈現書生亦沉迷於有味青燈的短
榻上，在煙霧瀰漫之中，不能自拔。「癡心欲立回頭岸，一一竽吹識姓名」二

〔註156〕劉家謀：《海音詩》，《臺灣雜詠合刻‧海音詩‧海音詩》，臺灣文獻叢刊，第
　　　　二八種，頁24。

〔註157〕劉家謀：《海音詩》，《臺灣雜詠合刻‧海音詩‧海音詩》，臺灣文獻叢刊，第
　　　　二八種，頁24。

〔註158〕王凱泰：〈臺灣雜詠〉，《臺灣雜詠合刻‧臺灣雜詠合刻‧臺灣雜詠三十二首（原
　　　　註）》，臺灣文獻叢刊，第二八種，頁43。

句書寫身爲地方官的王凱泰對此甚爲重視，特定派人登記有吸食鴉片的學生姓名，多所關心，直到他戒掉爲止。可見臺地吸食鴉片的情形相當嚴重。

光緒時的唐贊袞有〈臺南洋藥充斥，奸商漏私，動與海關相齟齬；判牘後，慨然賦此〉，如下：

> 煙土流毒久，濫觴由海關；蠹吏飽其私，麻貫緣爲奸。鯨鱷橫睥睨，
> 談笑生波瀾；虛聲肆恫喝，時局殊艱難。〔註159〕

唐贊袞在閱讀公文後，對於煙土的流毒有所感慨，而寫下此詩。詩中敘述官商勾結，吏治不清的情形，直接指出：由於海關的官吏收受賄賂，致使鴉片流入臺灣。末二句「虛聲肆恫喝，時局殊艱難」指出自己身爲地方官但只能虛聲恫喝，要有所整治，實有困難之處，直接說出自己的無力感。

唐贊袞又有〈臺地鴉片盛行，男女皆嗜，惜無法禁之〉：

> 囊縫文綺，莆削筠竿；給豈並於饗飧，愛似逾乎脯鱐。恍噓氣以成
> 雲，既非龍窟；忽出潛而吹沫，疑是魚淵。飽餐煙火，通妙吸於吻
> 間；臥襲氤氳，參微息於鼻觀：飄飄乎似丁之化鶴，蓬蓬然似莊之
> 夢蝶。欲禁雄膏之食，鼎革爲難；何爲螢火之微，燎原甚易。爰操
> 枯穎，用示砭鍼。
>
> 慕羶紛逐臭，嗜炙苦含腴；繞鬢霧徐結，盪胸雲疊鋪。常教甜似蜜，
> 實覺醉如愚；煙草非春草，情懷竺友于。
>
> 欲戒頭將白，相逢眼便青；味從無味得，時豈有時醒！不是劉伶醉，
> 非耽陸羽經。愧難懸厲禁，緘口示箴銘。〔註160〕

在當時臺灣有許多人有吸食鴉片的癮，在吸食時似乎有甜如蜜的情形，實際上是殘害自己身體的愚笨行爲。詩人最後對此情形表達嘆息及愧疚之意，自己難以嚴厲禁止，只是以此詩來表示告戒之意。

唐贊袞有〈米囊花（即罌粟）〉：

> 閒寫春愁破寂寥，蔫紅葩紫影飄搖；於今斗米珍珠價，開向東風盡
> 折腰。〔註161〕

〔註159〕唐贊袞：〈臺南洋藥充斥，奸商漏私，動與海關相齟齬；判牘後，慨然賦此〉，
　　　　《臺灣關係文獻集零》，臺灣文獻叢刊，第三〇九種，頁152。
〔註160〕唐贊袞：〈臺地鴉片盛行，男女皆嗜，惜無法禁之〉，《臺灣關係文獻集零》，
　　　　臺灣文獻叢刊，第三〇九種，頁158～159。
〔註161〕唐贊袞：〈米囊花（即罌粟）〉，《臺灣關係文獻集零》，臺灣文獻叢刊，第三〇
　　　　九種，頁165。

首二句「閒寫春愁破寂寥，蔫紅葏紫影飄搖」書寫罌粟花在春天裡開放，一片紅紫，煞是美麗。「於今斗米珍珠價，開向東風盡折腰」二句指出：因為它是鴉片的原料，在臺灣今日的價格卻已經可以和米價、珍珠的價值相比，在這一陣春風之中，所有的人都屈服在它的威力之下。

　　在日治時期，吸食鴉片仍為常見之事，連橫在〈臺南竹枝詞〉中有提及鴉片煙之作：

> 柳燧荷囊勝小壺，座中親餉淡巴菰。一枝銅管刻三寸，吸取煙雲醉味腴。
>
> 呼菸曰淡巴菰，芝峰類謂出自日人，然西語亦如是稱，疑為小呂宋之語也。客至，出小筐置火爐於中及菰餉之。柳燧、自來火之別名也。〔註162〕

連橫以日語、及西語的音譯「淡巴菰」指稱鴉片煙。在詩中的書寫，呈現臺南當地的人有吸食鴉片為風尚。在客人來時，以自來火點燃煙草請客人抽煙是當地的人以為很有誠意的款待方式。在吸食煙草的吞雲吐霧中，許多人都沉醉在其中，不斷地品味。

　　蔡佩香（1867～1925）在1906年亦有〈吃鴉片〉之作二首，如下：

其一

> 真成痼癖有煙霞，傲骨稜稜瘠似柴。壯志半歸呼吸裡，殘燈無日不開花。〔註163〕

在詩人的「真成痼癖有煙霞，傲骨稜稜瘠似柴」書寫中，有許多有煙癮的人，他們的身形都瘦弱如柴。「壯志半歸呼吸裡，殘燈無日不開花」二句表達詩人的感慨：他們的豪情壯志也都銷磨在這吸食煙草的歲月中，沒有一天缺少鴉片的陪伴。如此的人生，所謂的萬物之靈除卻鴉片之外，還剩餘什麼？

其二

> 呵氣成雲火候工，繽紛濃罩一燈紅。月明花底陰初動，也畏空窗半

〔註162〕連橫：〈臺南竹枝詞〉，《臺灣文獻叢刊・劍花室詩集・外集之一・臺南竹枝詞》，臺灣文獻叢刊，第九四種，頁123。

〔註163〕蔡佩香：〈吃鴉片〉，《全臺詩——智慧型全臺詩知識庫》，上網日期：20141102，網址：http://xdcm.nmtl.gov.tw/twp/b/b02.htm。此詩收於《臺灣日日新報》，「詞林」欄，1906年7月1日，第一版，又載《漢文臺灣日日新報》，「藝苑」欄，1906年7月1日，第一版、〈拾翠錦囊〉，《漢文臺灣日日新報》，「詩話」欄，1907年7月7日，第三版。

夜風。〔註164〕

詩人書寫吸食鴉片的人的情形，首先提出：能呵氣成雲也是需要火候的，初次吸食的人無法做到。在紅燈的籠罩下，許多濃雲密霧也呈現出各式的色彩。在月色皎潔的夜晚，也有吸食鴉片的情形，那時也會害怕窗未關好，半夜的風吹進來時，會使得吸食鴉片的活動被打斷，興致也會因而大減。

　　清領早期臺灣古典詩的創作者大多屬於宦遊詩人，身為臺灣地方父母官，書寫臺灣人民習性之時，多半站在統治者的立場來敘述，主題多為與中土相異之處、社會治安有相關。如服裝的不倫不類，在他們眼中就是落後的表徵，而有「吳帶曹衣迥不倫」、「一身拖杳龍搖尾，雨足蹣跚鳳點頭」的記錄；臺灣無馬，以牛車為主要陸上交通方式，夜間載運，車聲轆轆，令客居他鄉的宦遊之人不勝傷感，而有「耳畔時聞軋軋聲，牛車乘月夜中行；夢迴幾度疑吹角，更有床頭蝘蜓鳴」之句；檳榔為臺灣特產，臺灣人民喜歡嚼食，有疏通血脈、抵禦瘴癘之氣的功效，除了成為待客、排解糾紛時的禮物外，臺南地區的婦女在日治時期，仍以「黑齒」為美，而有「一抹腮紅還舊好，解紛惟有送檳榔」、「瘴鄉能已疾，留得口脂痕」、「猩脣初綻玉脂香，理鬢薰衣卸晚妝」之句

　　自清領至日治，詩人立於風俗教化的立場，對臺南地區的奢、賭、結拜兄弟、吸食鴉片煙的習性多所記錄，期待有所改進：「成帷成幔逐飛塵，紈袴多纏輿隸身」、「生財容易易繁華，纏首青藍盡縐紗」、「窮盡奢華極盡欲，澆風何日化良淳」等句為批評太過奢侈的敘述。批判臺灣人喜歡賭博的詩句，如：「無賤復無貴，相將事摴博」、「車馬分排局陣新（賭具仿象棋式。），場中熱鬧往來頻」、「鎮日消寒惟有賭，一聲恭喜萬人同」。記錄臺灣人民重視義氣、喜歡結拜為異姓兄弟的詩句：「但存清吏埋羹節，那有奸民歃血盟」、「大哥尾弟空聯臂，持較同懷總不如」、「義結桃園酒一樽，同生同死此堪論」、「醲醁綠映桃園滿，肝膽青搖竹葉芬。飲罷弟兄聯異姓，醉餘生死結同群」。記錄吸食鴉片煙情況的詩句：「靈根轉眼化枯荄，毒火銷磨百事乖」、「舐罷餘丹尚共爭，淮南雞犬可憐生」、「飽餐煙火，通妙吸於吻間；臥襲氤氳，參微息於

〔註164〕蔡佩香：〈吃鴉片〉，《全臺詩——智慧型全臺詩知識庫》，上網日期：20141102，網址：http://xdcm.nmtl.gov.tw/twp/b/b02.htm。此詩收於《臺灣日日新報》，「詞林」欄，1906年7月1日，第一版，又載《漢文臺灣日日新報》，「藝苑」欄，1906年7月1日，第一版、〈拾翠錦囊〉，《漢文臺灣日日新報》，「詩話」欄，1907年7月7日，第三版。

鼻觀：飄飄乎似丁之化鶴，蓬蓬然似莊之夢蝶」、「一枝銅管刻三寸，吸取煙雲醉味腴」、「真成痼癖有煙霞，傲骨稜稜瘠似柴。壯志半歸呼吸裡，殘燈無日不開花」。

臺南地區的習俗與大陸地區互有同異，其中有數項頗富有本土的色彩：元宵時，未嫁女子偷折花，期待自己未來良人對自己好；端午時，安平競渡的熱鬧場景；七夕時，讀書人殺狗祭魁星、女子拜七娘媽；中元普渡時的盛大、奢華；冬至時吃菜包⋯⋯。有些習俗至今在臺南地區亦時有所見，成為此地的特色。

時世遷移，臺南地區人民的習性已不復古典詩人所記錄，如衣著上，「龍擺尾」、「鳳點頭」不倫不類久不復見、牛車是久遠的記憶、臺南地區婦女嚼食檳榔也不再是風尚。然而，賭博、奢侈、重義氣、好結盟、吸食香煙等項似乎仍可在現今所謂的「臺客」特質中見其端倪。由此觀之，臺客的文化其來有自。

圖 68　曬虱目魚，上網日期，20150306，網址：webarchive.swcb.gov.tw。

圖 69 烏魚,上網日期,201500708,網址:www.mesotw.com。

圖 70 烏魚子,上網日期,201500708,網址:http://mypaper.pchome.
com.tw/nalusatw/post/1320605998。

圖71　新婦啼（翻車魚　曼波魚），來源：http://www.ihergo.com/store/iou888555/product/no689767。

圖72　紅尾鸚哥魚，來源：catalog.digitalarchives.tw。

圖 73　擔仔麵，上網日期，20150306，網址：http://062253505.tw.tranews.com/。

圖 74　臺南，南鯤身代天府，上網日期，20150306，網址：blog.xuite.net。

圖 75　南鯤身代天府，上網日期，20150306，網址：http://www.i-play.tw/%E
　　　　5%8F%B0%E5%8D%97%E5%B8%82%E5%8C%97%E9%96%80%E5
　　　　%8D%80%E5%8D%97%E9%AF%A4%E9%AF%93%E4%BB%A3%E5
　　　　%A4%A9%E5%BA%9C/。

圖 76　臺南大天后宮，上網日期：20150413，
　　　　網址：http://www.travelking.com.tw/tourguide/pic119130.html。

圖 77　臺南土城鹿耳門聖母廟，千里眼，筆者攝於 20150203。

圖 78　臺南四鯤身，清水祖師廟，筆者攝於 20150203。

圖 79　臺南學甲，保生大帝廟，上網日期：20150708，網址：blog.xuite.net。

圖 80　臺南學甲慈濟宮保生大帝廟，上白礁謁祖祭典，縣長主持古禮祭拜，上網
　　　日期：20150708，網址：http://old.tncsec.gov.tw/upload/js/b_tn18-32-01.jpg。

圖 81　臺南學甲慈濟宮保生大帝廟，上白礁謁祖祭典，蜈蚣陣，上網日期：
　　　20150406，網址：來源：http://old.tncsec.gov.tw/upload/js/b_tn18-32-02.jpg。

第十章　飲食與信仰、休閒活動的書寫

第一節　飲食的書寫

　　臺南自古以來稱之爲府城，是台灣最早發展的區域，並以古蹟爲數眾多及質量兼具的小吃而聞名全臺，稱爲臺南小吃。所謂小吃，是一般民眾在正餐之間的食品，它的食材大多簡單的就地取材，都是當地所盛產。遵循古法，又能隨時代演繹不斷創新；加以物阜民豐、養殖漁業發達，不但內容豐富、素材多元，而且烹飪精巧、風味獨具，早已發展出獨特的飲食文化。〔註1〕

　　臺南原先就是以港口功能受到青睞，最先發展的區域都在海邊，而鹿耳門、安平皆是臺灣發展最早的區域，此地的生活饒富漁家風味，而潮水的起伏就是當地居民最切身之事，漁產就是他們最常吃的食物。

　　在《臺灣通史》中有臺南沿海以養魚爲業的紀綠：

> 臺南沿海素以畜魚爲業，……郡治水仙宮之前，積水汪洋，帆檣上下，古所謂安平晚渡者，則臺江也。……夫養魚之業，起於臺南。南自鳳山，北暨嘉義，莫不以此爲務。信乎天時之所賜，而地利之所興也。〔註2〕

而養魚這個職業就是起源於臺南，而擴至全臺。這可說是天時與地利下的結果。

　　在乾隆年間來臺的錢琦（1704～？）有〈臺灣竹枝詞〉中提及鹿耳門中人民的生活就是依順著潮水來度日：

〔註1〕　〈臺南小吃〉，上網日期：20150215，網址：http://www.etainan.com.tw/hot_detail.php?choice_id=13。

〔註2〕　連橫：《臺灣通史・虞衡志・魚之屬》，臺灣文獻叢刊，第一二八種，卷二十八，頁714。

二十首之一

鹿耳門外帆影垂，鹿耳門內村煙炊。早潮出口晚潮入，世上風波那

得知。〔註3〕

「鹿耳門外帆影垂，鹿耳門內村煙炊」二句書寫著在鹿耳門中的生活景觀，在鹿耳門外帆影相當多，鹿耳門內有村落正炊煙嫋嫋地烹煮食物。「早潮出口晚潮入，世上風波那得知」二句書寫著鹿耳門當地的生活是相當簡單、單純，隨著潮水出船、入港，那裡會知道政事的變化呢？

薛約（？～？）為清嘉慶年間（1796～1820）江蘇江陰人，在林爽文事件之時，有〈臺灣竹枝詞〉之作，其中有提及臺南地區以漁為生的詩作：

二十首之十七

乾隆丙午（1786）、丁未（1787）間，臺灣林逆滋事。雖閱邸報傳聞

異詞，覆檢《臺灣縣志》閱之，因得備稔其風土之異，遂作〈臺灣

竹枝詞〉二十首。越二十年，而家雲盧出宰斯邑，續修《縣志》。志

成，郵歸付梓，余得預校讎之役。因檢原稿，附入末卷。不揣固陋，

用質纂輯諸公。

潮生魚扈得魚多，生小江頭狃水波。但願終年風信少，七鯤身裏掛

魚簑。〔註4〕

「潮生魚扈得魚多，生小江頭狃水波」二句書寫隨著潮水魚產亦隨之而來，而生長在此處的居民，自小就相當熟悉水上生活。「但願終年風信少，七鯤身裏掛魚簑」二句書寫著當地民眾的期盼風災能愈少愈好，讓在此處海域生活的人都能捕魚，滿載而歸。

在《臺灣通史》中亦有沿海多食魚蝦的記載：

臺灣之饌與閩粵同。沿海富魚蝦，而近山多麋鹿，故人皆食肉。〔註5〕

「沿海富魚蝦」，所以臺南當地的飲食當以海產最有歷史淵源。

〔註3〕 錢琦：〈臺灣竹枝詞〉，《全臺詩——智慧型全臺詩知識庫》，上網日期：
20150502，網址：http://xdcm.nmtl.gov.tw/twp/b/b02.htm。此詩收於袁行雲《清
人詩集敘錄》。

〔註4〕 薛約：〈臺灣竹枝詞〉，《全臺詩——智慧型全臺詩知識庫》，上網日期：
20150502，網址：http://xdcm.nmtl.gov.tw/twp/b/b02.htm。此組詩收於薛志亮《續
修臺灣縣志》〈藝文〉、又載陳漢光《臺灣詩錄》。

〔註5〕 連橫：《臺灣通史·風俗志·飲食》，臺灣文獻叢刊，第一二八種，卷二十三，
頁 606。

即使是在光緒間游幕臺灣的史齡（？～？）亦有提及鹿耳門的波濤每日洶湧的情形，如〈臺南竹枝詞〉：

六首之一

　　鹿耳眞天險，波濤無日無。春殘風信轉，沙湧更何如。〔註6〕

史齡在臺江已陸化之時，仍然書寫「鹿耳眞天險，波濤無日無」之句，意謂著鹿耳門人民的生活依然是以漁業爲主。「春殘風信轉，沙湧更何如」之句則是表達了在臺江陸化之後，鹿耳門因爲風信的轉變，呈現的積沙如湧的景像。

　　因此，在臺南地區富有歷史的飲食當以海產爲主，其中虱目魚、烏魚、新婦啼和鸚哥魚在清領初期的古典詩中常常出現。在日治時期，臺南的擔仔麵亦有書寫之作。茲分述如下。

一、虱目魚

　　時至 2015 年，從網路電子報的新聞標題中「增強抵抗力，台南早餐首選虱目魚」〔註7〕可以知道：臺南人的飲食中，「虱目魚」是最能代表他們的飲食文化特色的食材。

《臺灣縣志》中就有虱目魚的記錄：

　　麻虱目：生海塭中，水紋所結者，形如子魚，味雖清而帶微酸。〔註8〕

在《臺灣縣志》記載中的麻虱目是在海塭中，漁人加以養殖的，牠吃起來的味道清新中帶些微酸。在《鳳山縣志》、《重修福建臺灣府志》、《臺遊日記》及《臺陽見聞錄》中都有相類似的記載：

　　麻虱目：形如緇魚，產海邊塭中；無種，入夏，水熱則生。味清而不腥，大則稍遜。〔註9〕

〔註6〕　史齡：〈臺南竹枝詞〉，《全臺詩——智慧型全臺詩知識庫》，上網日期：20150502，
　　　　網址：http://xdcm.nmtl.gov.tw/twp/b/b02.htm。此詩收於連橫《台灣詩乘》。

〔註7〕　〈增強抵抗力　台南早餐首選虱目魚〉，華人健康網，上網日期：20150305，
　　　　網址：https://tw.news.yahoo.com/%E5%A2%9E%E5%BC%B7%E6%8A%B5%E
　　　　6%8A%97%E5%8A%9B-%E5%8F%B0%E5%8D%97%E6%97%A9%E9%A4%
　　　　90%E9%A6%96%E9%81%B8%E8%99%B1%E7%9B%AE%E9%AD%9A-0006
　　　　17323.html。

〔註8〕　陳文達：《臺灣縣志・輿地志一・土產・鱗之屬》，臺灣文獻叢刊，第一〇三
　　　　種，頁 42。

〔註9〕　陳文達：《鳳山縣志・風土志・物產・鱗之屬》，臺灣文獻叢刊，第一二四種，
　　　　卷之七，頁 117。

麻虱目（魚塭中所產‧夏、秋盛出‧狀類鯔，鱗細‧臺以爲貴品）

〔註10〕

麻虱目，魚塭中所產，夏秋盛出，狀類鯔鱗，臺中以爲貴品。〔註11〕

麻虱目魚，狀如鯔魚，細鱗。產陂澤中，夏秋盛出，臺人以爲貴品。

〔註12〕

以上的記錄皆言麻虱目爲魚塭中所養殖，在夏、秋之間盛產。《鳳山縣志》稱讚牠的肉質清新而沒有腥味，但體型若大一點，肉質的味道就稍稍遜色了。除了《鳳山縣志》之外，其餘三本都有提及臺人麻虱目爲貴品。

日治時期連橫在《臺灣通史》中有記載麻虱目：

臺南沿海素以畜魚爲業，其魚爲麻薩末，番語也。或曰，延平入臺之時，泊舟安平，始見此魚，故又名國姓魚云。〔註13〕

《臺灣通史》記載：臺南沿海一帶一直都是養魚爲業，所養的魚就是麻薩末，這是番語的名稱。也有人說在鄭成公進入臺灣時，船停靠在安平，第一次見到這種魚，所以這種魚又有「國姓魚」的名稱。連橫在《雅言》中亦有對虱目魚有所記載：

「麻薩末」，番語也；一名「國姓魚」。相傳鄭延平入臺後，嗜此魚，因以爲名。魚長可及尺，鱗細味腴；夏、秋盛出。臺南沿海多育之，歲值數百萬金；亦府海中之巨利也。曩者岱江吟社楊笑儂曾以此徵詠，屬余評點；得詩數十首，能爲「騎鯨丈人」留傳佳話，是又婆娑洋上之史實也。〔註14〕

在《雅言》中虱目魚的的另一名稱「國姓魚」的由來，有不一樣的解釋：因爲鄭成功喜歡此虱目魚，所以大家就叫它國姓名了。它是臺南沿海的特產，每年爲臺南地區營造數百萬金的產值，是最能帶給臺南地區利益的魚種。

〔註10〕劉良璧：《重修福建臺灣府志‧卷六 風俗（歲時、氣候、土番風俗、物產）‧物產‧鱗之屬》，臺灣文獻叢刊，第七四種，卷六，頁120。

〔註11〕蔣師轍：《臺游日記‧臺游日記卷三‧光緒十八年六月》，臺灣文獻叢刊，第六種，卷三，頁74。

〔註12〕唐贊袞：《臺陽見聞錄‧臺陽見聞錄卷下‧鱗介‧麻虱目魚》，臺灣文獻叢刊，第三〇種，卷下，頁175。

〔註13〕連橫：《臺灣通史‧虞衡志‧魚之屬》，臺灣文獻叢刊，第一二八種，卷二十八，頁714。

〔註14〕連橫：《雅言》，臺灣文獻叢刊，第一六六種，頁97。

　　乾隆時來臺的朱仕玠在〈尸位學署岑寂無聊泛泛隨流跡近漁父每有聞見輒宣謳詠因名瀛涯漁唱，【瀛涯漁唱】〉中亦有提及虱目魚：

一百首之五

　　鳴螿幾日弔秋菰，出網鮮鱗腹正腴。頓頓飽餐麻虱目，臺人不羨四
　　腮鱸（麻虱目，魚名。狀如緇魚，細鱗。產陂澤中，夏秋盛出。臺
　　以爲貴品。）〔註15〕

「鳴螿幾日弔秋菰，出網鮮鱗腹正腴」二句點出季節在寒蟬鳴叫的秋季，正
是新鮮的虱目魚正肥美的時候。「頓頓飽餐麻虱目，臺人不羨四腮鱸」2 句書
寫臺人因爲可天天飽餐名貴的虱目魚，因此就算看到其他名貴的魚，心裡也
不會有特別想吃、想得到的感覺。

　　蘇鏡潭（1883？～1939）有〈東寧百詠〉，亦有論及鄭經喜歡吃虱目魚的
情形：

　　街頭喚賣國姓餅，番社猶稱皇帝魚。名物東寧重品第，故人遺我比
　　瓊琚。（聞嗣王經酷嗜麻虱目，番社稱之爲皇帝魚。國姓餅即今豆餅，
　　近今尤爲盛行。）〔註16〕

「街頭喚賣國姓餅，番社猶稱皇帝魚」二句書寫詩人在臺南當地聽到街頭的
叫賣「國姓餅」的聲音，所以就想起原住民叫虱目魚爲皇帝魚，是因爲鄭經
喜歡吃，所以才會皇帝魚的名稱。這樣的說法在《諸羅縣志》及《彰化縣志》
中有記載：

　　鄭經酷嗜麻虱目，臺人名之曰皇帝魚。夏初出，頗適口；及秋，則
　　味帶酸而肉澀，宜乎鄭氏之不能久也。〔註17〕
　　麻虱目，狀如池中小烏魚，產埠中，夏秋盛出。俗呼皇帝魚，謂鄭
　　經所嗜也。〔註18〕

〔註15〕朱仕玠：《小琉球漫誌・瀛涯漁唱（上）》，臺灣文獻叢刊，第三種，卷四，頁
　　　　36。
〔註16〕蘇鏡潭：〈東寧百詠〉，《全臺詩——智慧型全臺詩知識庫》，上網日期：
　　　　20150502，網址：http://xdcm.nmtl.gov.tw/twp/b/b02.htm。此詩收於蘇鏡潭《東
　　　　寧百詠》，又載吳幅員《臺灣詩鈔》。
〔註17〕周鍾瑄：《諸羅縣志・雜記志・外紀》，臺灣文獻叢刊，第一四一種，卷十二，
　　　　頁 298～299。
〔註18〕周璽：《彰化縣志・物產志・鱗之屬》，臺灣文獻叢刊，第一五六種，卷十，
　　　　頁 349。

《諸羅縣志》還藉著虱目魚的口感是酸中帶澀，聯想到鄭氏政權之所以不能長久，就是因為領導者喜歡吃的魚是酸中帶澀，所以連帶地政權的運勢也就變成酸中帶澀的結局。「名物東寧重品第，故人遺我比瓊琚」二句書寫在臺南的人送禮時有注重品第的習俗，所以詩人本身也就想要回報以厚禮來表示感謝。

蔡佩香（1867～1925）在1907年亦有〈國姓魚〉（「此魚相傳為鄭延平軍艦在安平四草湖，軍人因食無魚，得此以佐軍食，故稱國姓魚，俗名麻虱目。」）如下：

> 浪花蕩漾水雲居，正乞魚苗上草湖。海外秋深銀甲冷，誰將國姓賜
> 生初。〔註19〕

從詩序的敘述而言，虱目魚會稱為國姓魚的原因在於鄭成功在安平四草湖畔，因為軍人沒有魚吃，所以找到虱目魚，就拿它們來為軍中加菜，所以虱目魚就稱為國姓魚了。「浪花蕩漾水雲居，正乞魚苗上草湖」二句書寫在四草湖邊浪花蕩漾，鄭成功軍隊裡的士兵們正因飢餓而渴望吃魚。「海外秋深銀甲冷，誰將國姓賜生初」二句表達對虱目魚的感謝：是誰將國姓魚在深秋時，送到海外奮鬥的軍士們身邊，賜給他們生機呢？

黃贊鈞（1874～1952）在1912年有〈國姓魚〉：

> 不聽草雞二百年，長鯨去後浪如煙。崁津春水年年碧，剩有香魚滋
> 味鮮。〔註20〕

「不聽草雞二百年，長鯨去後浪如煙」二句乃是書寫鄭成功之事。此處已經有兩百年沒有在聽聞到與草雞相關的傳奇人物的事蹟了，在相傳為東京長鯨所化的鄭成功去世之後，此處的浪潮也是如煙一般，看不見英雄留下的痕跡。「崁津春水年年碧，剩有香魚滋味鮮」二句書寫在臺南地區的沿海渡口，春天的潮水年年依舊碧綠如昔，只有國姓魚所留下的滋味和當年一樣地清新鮮美，沒有改變。

楊爾材（1882～1953）有〈國姓魚〉二首：

〔註19〕蔡佩香：〈國姓魚〉，《全臺詩——智慧型全臺詩知識庫》，上網日期：20150502，
　　　　網址：http://xdcm.nmtl.gov.tw/twp/b/b02.htm。此詩錄自〈掬月樓詩話〉，收於
　　　　《漢文臺灣日日新報》，「詩話」欄，1907年9月7日，第三版。

〔註20〕黃贊鈞：〈國姓魚〉，《全臺詩——智慧型全臺詩知識庫》，上網日期：20150502，
　　　　網址：http://xdcm.nmtl.gov.tw/twp/b/b02.htm。此詩收於《臺灣日日新報》，「詞
　　　　林」欄，1912年7月24日，第三版。

其一

薩末魚非池沼生，爭傳鄭載放東瀛。而今歲歲秋收日，誰憶成功不

朽名。〔註21〕

「薩末魚非池沼生，爭傳鄭載放東瀛」二句書寫虱目魚的來歷，相傳爲鄭成功將它帶到臺灣。「而今歲歲秋收日，誰憶成功不朽名」二句表達作者內心的感慨，在每年秋天虱目魚豐收之時，現在的人還會感念當年鄭成功的功業嗎？

其二

遺民昔感鄭忠精，薩末偏呼國姓名。傳到而今蕃殖盛，爲人魚肉恨

難平。〔註22〕

「遺民昔感鄭忠精，薩末偏呼國姓名」二句書寫以往的人感念鄭成功的忠心精神，所以將「薩末魚」叫爲「國姓魚」。「傳到而今蕃殖盛，爲人魚肉恨難平」二句則是表達了作者的不滿，頗有藉此批判人忘本的意味。虱目魚自明鄭時期繁衍至今，已是大量繁殖，但人們卻已忘卻它的來歷，只將它視爲任人宰割的魚肉，令人內心難以接受啊。

趙鍾麒（1863～1936）在1934年有〈國姓魚〉：

鮮味爭傳桔柣城，鄭王筵上錫佳名。騎鯨人杳英風在，猶有祠梅和

玉羹。〔註23〕

「鮮味爭傳桔柣城，鄭王筵上錫佳名」二句藉由春秋時期鄭國遠郊城門名「桔柣」來比擬明鄭的赤嵌樓，當初鄭成功可是在宴席之上，賜名給「虱目魚」，使他有國姓魚之稱。「騎鯨人杳英風在，猶有祠梅和玉羹」二句表達在數百年後，騎鯨的英雄鄭成功已逝去，但他的精神還感染著現在的人，延平郡王祠的梅花及虱目魚烹調出來的美食，至今還嘉惠世人，留傳下來。

連橫有〈國姓魚（番名麻薩末，相傳延平入臺始有此魚，因名國姓魚）〉

海國春回鹿耳東，漁人爭說大王風。鯨魚入夢潮初漲，龍種偕來路

〔註21〕楊爾材：〈國姓魚〉，《全臺詩——智慧型全臺詩知識庫》，上網日期：20150502，
　　　　網址：http://xdcm.nmtl.gov.tw/twp/b/b02.htm。收於《近樗吟草》。

〔註22〕楊爾材：〈國姓魚〉，《全臺詩——智慧型全臺詩知識庫》，上網日期：20150502，
　　　　網址：http://xdcm.nmtl.gov.tw/twp/b/b02.htm。收於《近樗吟草》。

〔註23〕趙鍾麒：〈國姓魚〉，《全臺詩——智慧型全臺詩知識庫》，上網日期：20150502，
　　　　網址：http://xdcm.nmtl.gov.tw/twp/b/b02.htm。此詩收於曾笑雲《東寧擊缽吟前
　　　　集》，又載盧嘉興〈記臺南府城詩壇領袖趙雲石喬梓〉、石萬壽〈趙雲石喬梓
　　　　詩文初輯－詩〉。

已通。恩錫朱家天浩蕩，名傳臺嶠水空濛。尺鱗莫怨南溟小，跋扈
飛揚尚足雄。〔註24〕

「海國春回鹿耳東，漁人爭說大王風」二句書寫鹿耳門春天已到，漁夫們爭
相談論著鄭成功當初所展現的郡王雄風。「鯨魚入夢潮初漲，龍種偕來路已
通。恩錫朱家天浩蕩，名傳臺嶠水空濛」四句乃藉鄭成功之事書寫虱目魚的
來歷。在當初鄭氏入臺之時，鹿耳門漲潮，有荷蘭人夢見鯨魚入港，龍種與
之同來，也就昭示著國姓魚來臺的路途已經開通。鄭成功世受明朝浩蕩的國
恩，所以為了維護明朝正朔，來到海外仙山——臺灣，來開拓新的天地，雖
然以失敗告終，徒留一片空濛的潮水，但卻也是令人感佩，而名滿臺灣。「尺
鱗莫怨南溟小，跋扈飛揚尚足雄」二句有藉國姓魚來抒發自身抱負的意味。
作者表示：國姓魚啊，你可不要埋怨臺地太過狹小，只要好好發揮，亦可讓
你盡情的揮灑，盡展雄風啊！

二、烏魚

臺南海域是緇魚（烏魚）最喜歡的環境：

台南原來是個大海灣，又名台江內海，這裡是鹹淡水交界的淺海，
有很多沙洲，其東北部有曾文溪、鹽水溪兩條河流從山區流出，有
充足的淡水，所以這裡是緇魚最喜歡的環境。〔註25〕

康熙59年（1721）年完成的《臺灣縣志》中有烏魚的記載，它是臺南地區重
要的漁產：

烏魚：本草名緇魚，出海中者名「海烏」。神仙傳云：「介象與吳王
論膾，何者最美？象曰：緇魚為上。乃于殿前作坎，汲水滿之；象
垂綸坎中，食頃，得緇魚作膾」。注云：「緇魚生淺海中‧食泥，身
圓、口小，骨軟、肉細，其子醃食，味更佳。出自冬天」。鹿耳門最
多。〔註26〕

《臺灣縣誌》中紀錄烏魚在《本草綱目》記載為「緇魚」，而在海中的就稱為

〔註24〕連橫：〈國姓魚〉，《劍花室詩集‧寧南詩草‧國姓魚》，臺灣文獻叢刊，第九
四種，頁81。

〔註25〕周運中：〈明末台灣地圖的一則新史料〉，《福州大學學報（哲學社會科學版）》，
2014年第1期，頁9。

〔註26〕陳文達：《臺灣縣志‧輿地志一‧土產‧鱗之屬》，臺灣文獻叢刊，第一○三
種，頁41。

「海鯔」。並以《神仙傳》的故事介紹烏魚的美味，因為烏骨軟、肉細，所以烹調起來，味道最好。

《重修臺灣府志》亦有烏魚的記載：

> 烏魚（各港俱有。每冬至前去大海散子，味極甘；後引子歸原港，
> 日回頭烏，則瘦而味劣矣。子成片下鹽曬乾，味更佳。過冬，則罕
> 見。即「本草」之鯔魚也）〔註27〕

在臺地各個港口都有烏魚可以捕獲。烏魚的習性是每年冬至前會去大海產卵，味道相當甜美。等到小魚生出來時，會帶著小魚游回原來的港口，稱為「回頭烏」，那時烏魚太瘦且味道也不好吃了。

陳繩（？～？）在乾隆9年（1744）來臺，有〈烏魚〉：

> 瑿玉元珠遍體緇【碧玉元珠遍體緇】【碧玉元珠遍體摛】【瑿玉元珠
> 遍摛】，揚鬐奮鬣滿天池。須知滬箔橫施處，要在葭灰未動時。日映
> 波光添繡線，鱗翻浪影簇烏旗。江鯔味薄河鯔小，爭比炎方海錯奇
> 【爭似炎方海錯奇】。〔註28〕

「瑿玉元珠遍體緇【碧玉元珠遍體緇】【碧玉元珠遍體摛】【瑿玉元珠遍摛】，揚鬐奮鬣滿天池」，此二句敘述烏魚的外形顏色為遍體都是墨玉一般的顏色，而在臺地可以到它們揚鰭奮鬣地布滿整個海域。顯示相當的多產。「須知滬箔橫施處，要在葭灰未動時。日映波光添繡線，鱗翻浪影簇烏旗」四句說明捕捉烏魚的最好時間點要在冬至前占候的葭灰未動時，才是最好的時機，那時的烏魚味道最佳。常常在那時會看到海上日映波光時，有許多插有烏魚旗的船隻旁，有許多烏魚在浪濤之間翻滾著。「江鯔味薄河鯔小，爭比炎方海錯奇」二句書寫江鯔和河鯔與臺灣的海烏相比，就顯得味道淡且體積小，而不出色了。

范咸（？～？），乾隆10年（1745）四月任巡臺御史兼理學政，有〈烏魚有引〉：

〔註27〕范咸：《重修臺灣府志・物產（二）・蟲魚・鱗之屬》，臺灣文獻叢刊，第一〇五種，卷十八，頁531。

〔註28〕陳繩：〈烏魚〉，《全臺詩——智慧型全臺詩知識庫》，上網日期：20150502，網址：http://xdcm.nmtl.gov.tw/twp/b/b02.htm。此詩收於范咸《重修臺灣府志》〈藝文〉，又載王瑛曾《重修鳳山縣志》〈藝文〉、余文儀《續修臺灣府志》〈藝文〉、盧德嘉《鳳山縣采訪冊》〈藝文〉、連橫《臺灣詩乘》、賴子清《臺灣詩醇》、《臺灣詩海》、許成章《高雄市古今詩詞選》。

「臺志」稱：「烏魚，即『本草』之鯔魚。海港所產甚盛。冬至前捕之，曰正頭烏，則肥而味美。至後捕之，曰回頭烏，則瘦而味劣。官徵稅，給烏魚旗，始許採捕」。按隋大業六年，吳郡獻海膾四瓶，帝以示群臣曰：「昔介象殿庭釣得鯔魚，此幻化耳。今日之膾，乃是真海魚所作，來自數千里，亦是一時奇味」。即出數盤以賜近臣（載之《大業拾遺記》）。蓋即烏魚也，吾杭素產鯔魚，有江鯔河鯔二種。其大者長不盈尺，與郡中六七月間所食正同。至秋深，長一二尺，味始肥美【味始豐美】。杭所產，遠不逮矣。

網魚競捕正頭烏，與味頻嫌至後殊。海堀引回憐瘦劇，船頭懸罟急徵輸。釣緡信足驕漁父【□緡信是嬌漁父】，幻化無須誑老夫。曾食江鯔爭比得，芙蓉花裏好提壺。〔註29〕

「網魚競捕正頭烏，與味頻嫌至後殊」二句書寫烏魚的季節來時，臺地的漁夫都競相把握時機捕捉冬至前的正頭烏，怕錯過了時機，那時烏魚的風味就大不如前。「海堀引回憐瘦劇，船頭懸罟急徵輸」二句書寫錯過時機再引回的烏魚太瘦，讓人心生憐惜；而官府在渡船頭上對烏魚的徵稅正是急忙地在進行著。「釣緡信足驕漁父【□緡信是嬌漁父】，幻化無須誑老夫」二句引《神仙傳》及《大業拾遺記》的記載為典故，說明這裡的烏魚都是純海烏，並非騙人，所以捕捉烏魚的人都很有自信。「曾食江鯔爭比得，芙蓉花裏好提壺」2 句書寫臺地的海烏與江鯔相比較，不會遜色，此時正好伴著芙蓉花開的美景，再配著酒，享用海烏的美味。

陳肇興（1831～？）在 1859 年有〈赤崁竹枝詞，十五首之十〉提及烏魚：

銀絲繪斫正頭烏，二八佳人捧玉壺。但乞郎如魚有信，一年一度到東都。〔註30〕

「銀絲繪斫正頭烏，二八佳人捧玉壺」二句書寫在臺南的人喜歡吃冬至前的正頭烏，享用烹調好的烏魚時，往往會有妙齡少女拿著酒相伴著。而此地多情的

〔註29〕范咸：〈烏魚有引〉，《全臺詩──智慧型全臺詩知識庫》，上網日期：20150502，網址：http://xdcm.nmtl.gov.tw/twp/b/b02.htm。此詩收於范咸《重修臺灣府志》（藝文），又載王瑛曾《重修鳳山縣志》（藝文）、余文儀《續修臺灣府志》（藝文）、薛志亮《續修臺灣縣志》（藝文）、陳培桂《淡水廳志》（文徵）、盧德嘉《鳳山縣采訪冊》（藝文）、董天工《臺海聞見錄》、賴子清《臺灣詩海》、陳漢光《臺灣詩錄》。

〔註30〕陳肇興：〈赤崁竹枝詞〉，《陶村詩稿‧己未‧赤崁竹枝詞》，臺灣文獻叢刊，第一四四種，卷四，頁49。

女子也會希望自己的情郎能向烏魚那樣有信用，每年都會守約的來到臺南。

林逢春（1868～1936），臺南市人。在 1922 年有〈烏魚〉：

> 結隊南來正不孤，陽生前後瘦肥殊。滔滔苦海誰能轉，獨有回頭是
> 此烏。〔註31〕

「結隊南來正不孤，陽生前後瘦肥殊」二句說明烏魚都是成群結隊的南來到
臺南，而且在冬至前後的烏魚，肥瘦及風味都大不相同。「滔滔苦海誰能轉，
獨有回頭是此烏」二句則是藉由烏魚會迴遊到原來的港口的特性來書寫，能
夠在苦海中回頭是岸的就只有這種海烏了。

蔡佩香（1867～1925）亦有〈詠烏魚〉二首：

其一

> 聯群逐隊海門東，萬里霜天夜氣空。十日不虛冬至約，寒陰先報釣
> 蓑翁。〔註32〕

「聯群逐隊海門東，萬里霜天夜氣空」二句書寫烏魚來的情形及時間，它們
是聯合成群的到達臺南，來的時間點是在霜降的夜裡，時序是在秋天。「十日
不虛冬至約，寒陰先報釣蓑翁」二句說明烏魚的守時、守信，而釣魚的漁翁
是最先注意到這類訊息的人啊。

其二

> 竹筏撐風碧海連，烏魚落網喜盈船。正頭肥美年年信，夜雨霏微賫
> 酒天。〔註33〕

「竹筏撐風碧海連，烏魚落網喜盈船」2 句說明了臺地漁民以竹筏在海上捕捉
烏魚的快樂。「正頭肥美年年信，夜雨霏微賫酒天」2 句書寫了正頭烏的肥美，
且年年都會守信地來臺地沿岸報到，在夜裡下著小雨的時節，最適合喝著小
酒，吃著好吃的烏魚料理。

〔註31〕 林逢春：〈烏魚〉，《全臺詩——智慧型全臺詩知識庫》，上網日期：20150502，
　　　　網址：http://xdcm.nmtl.gov.tw/twp/b/b02.htm。此詩收於《臺南新報》，「詩壇」
　　　　欄，南社擊缽吟錄，1922 年 12 月 25 日，第五版。

〔註32〕 蔡佩香：〈詠烏魚〉，《全臺詩——智慧型全臺詩知識庫》，上網日期：20150502，
　　　　網址：http://xdcm.nmtl.gov.tw/twp/b/b02.htm。此詩錄自〈拾碎錦囊〉，收於《漢
　　　　文臺灣日日新報》，「詩話」欄，1906 年 1 月 28 日，第三版。

〔註33〕 蔡佩香：〈詠烏魚〉，《全臺詩——智慧型全臺詩知識庫》，上網日期：20150502，
　　　　網址：http://xdcm.nmtl.gov.tw/twp/b/b02.htm。此詩錄自〈拾碎錦囊〉，收於《漢
　　　　文臺灣日日新報》，「詩話」欄，1906 年 1 月 28 日，第三版。

王則修（1867～1952）有〈信魚〉五首，所書寫的主角就是烏魚：

其一

聞說黃河逐隊從，行過瀛海正嚴冬。年年不負初陽約，歲歲欣偕尺
鯉供。筮協中孚豚可格，卦占來復節纏逢。世間詐偽知多少，對此
銀鱗應愧儂。〔註34〕

「聞說黃河逐隊從，行過瀛海正嚴冬。年年不負初陽約，歲歲欣偕尺鯉供」
四句書寫烏魚遠從黃河而來，跨越臺灣海峽在嚴冬之時來到臺灣。每年都會
像遵守契約一般的在冬至左右到來。「世間詐偽知多少，對此銀鱗應愧儂」二
句書寫烏魚守信的美德足以讓習於欺詐之人深感愧疚。

其二

結隊銀鱗幾萬重，年年應候屆中冬。來從北海期無誤，信到南瀛網
有蹤。不後不先葭管動，多脂多蛋歲盤供。臺灣風味斯為最，一樣
江鱸好佐饔。〔註35〕

「來從北海期無誤，信到南瀛網有蹤。不後不先葭管動，多脂多蛋歲盤供」
四句讚頌烏魚遵守信約的行為及魚肉多脂、多蛋的美味，讓臺地之人得以大
快朵頤。

其三

潑剌成群結隊從，不隨鯨去杳無蹤。年年有信江頭到，歲歲驚寒海
表衝。網獲銀鱗灰乍動，盤登香蛋節初逢。靈魚也解中孚格，愧殺
人間詐偽容。〔註36〕

「潑剌成群結隊從，不隨鯨去杳無蹤。年年有信江頭到，歲歲驚寒海表衝」
四句書寫烏魚在嚴冬之時成群結隊地信守約定，出現在臺南海域，而沒有隨
著當時流傳為東海長鯨的鄭成功的故去而杳無蹤跡。「網獲銀鱗灰乍動，盤登
香蛋節初逢」二句書寫捕獲烏魚的景況，及烏魚子的美味。

其四

騎鯨人已渺無蹤，剩有銀鱗歲歲逢。歸到黃河春欲暖，行過黑水雪
初融。去來不爽時期約，捕獲能孚節序供。絕好陽生先十日，正頭

〔註34〕 王則修：〈信魚〉，龔顯宗編，《則修先生詩文集‧下‧雜篇‧一》，頁403～404。
〔註35〕 王則修：〈信魚〉，龔顯宗編，《則修先生詩文集‧下‧雜篇‧一》，頁403～404。
〔註36〕 王則修：〈信魚〉，龔顯宗編，《則修先生詩文集‧下‧雜篇‧一》，頁403～404。

肥美佐飧饗。〔註37〕

「騎鯨人已渺無蹤，剩有銀鱗歲歲逢。歸到黃河春欲暖，行過黑水雪初融」四句書寫在鄭成功逝去之後，烏魚每年春季回到黃河，冬季橫渡黑水溝來到臺灣。「去來不爽時期約，捕獲能孚節序供。絕好陽生先十日，正頭肥美佐飧饗」四句書寫烏魚不管是離去或是到來都能信守約定，並在冬至前10日到來，如此正頭烏的美味，正是牠提供給臺地的佳餚。

其五

名傳國姓已愁儂，別覺銀鱗獲大宗。恰似雁鴻歸有信，不同鯨鱷去
無蹤。年年季節成群至，歲歲冬陽逐隊從。我愛剖開香卵好，辛盤
佐酒興偏濃。〔註38〕

「名傳國姓已愁儂，別覺銀鱗獲大宗。恰似雁鴻歸有信，不同鯨鱷去無蹤」四句書寫烏魚在臺地已是名聞遐邇，牠如同鴻雁一般守時地來到臺灣，更是有別於杳然無蹤的東海長鯨——鄭成功。「年年季節成群至，歲歲冬陽逐隊從。我愛剖開香卵好，辛盤佐酒興偏濃」四句書寫其每年冬至時都會成群結隊地到來，而烏魚子的料理，更是作者最好的下酒菜。

謝汝銓（1871～1953）亦有〈信魚〉：

冬至節前後，漁人結網求。鯤身肥滿腹，鵝鼻瘦回頭。傍岸茅廬築，
隨潮竹筏浮。茫茫來去路，知在暖寒流。〔註39〕

「冬至節前後，漁人結網求。鯤身肥滿腹，鵝鼻瘦回頭」四句書寫在冬至前後正是烏魚結隊前來，漁人奮力捕獲之時。在冬至前來到臺南海域的烏魚肥而美味，冬至後從鵝鑾鼻海域回來的烏魚則是瘦弱、味不佳。「傍岸茅廬築，隨潮竹筏浮。茫茫來去路，知在暖寒流」四句則是書寫漁人捕烏魚的場景，在岸旁築茅廬，以竹筏來捕烏魚。

三、新婦啼、鸚哥魚

新婦啼和鸚哥魚在清領初期的古典詩曾在提及，《東瀛識略》中亦有相關

〔註37〕王則修：〈信魚〉，龔顯宗編，《則修先生詩文集・下・雜篇・一》，頁403～404。

〔註38〕王則修：〈信魚〉，龔顯宗編，《則修先生詩文集・下・雜篇・一》，頁403～404。

〔註39〕謝汝銓：〈信魚〉，《全臺詩——智慧型全臺詩知識庫》，上網日期：20150502，
　　　網址：http://xdcm.nmtl.gov.tw/twp/b/b02.htm。此詩收於《臺灣日日新報》，「詩
　　　壇」欄，1934年1月7日，第十二版，又載《蓬萊角樓詩存》。

記載：

> 鱗之屬：有鸚哥魚，形如鯉而闊，嘴勾曲，紅色，周身皆綠；……；
> 又有新婦啼，狀甚肥，烹則拳縮，取新婦畏見姑意名之；〔註40〕

《東瀛識略》談到臺海中的特殊魚產時有提到鸚哥魚，它的嘴巴部分是彎彎地鈎起，如鸚鵡一般，所以稱為鸚哥魚。鸚哥魚的身體是紅色，周圍都有綠色，相當特殊。另外，又有一種名叫「新婦啼」的魚，尚未烹煮時看起來相當有肉，但只要一煮，就會拳縮起來，好像新嫁娘怕見到自己的婆婆一樣畏畏縮縮，所以稱為新婦啼。

新婦啼又叫打某魚、翻車魨、蜇魟、曼波魚。由於清朝時的漁船又小又慢，只捉得到游得慢又毫無戒心的翻車魚：

> 翻車魨其實和台灣人的淵源深厚，清朝乾隆時期（1763 年）到台灣
> 來任鳳山縣教諭的朱仕玠在其著作「小琉球漫誌」的「瀛涯漁唱」
> 詩集中，就有提到「海族漁人浪品題……拳縮何關新婦啼」的記載，
> 魚肉一經烹煮就大幅縮水的「打某魚」，在三百多年前就已有「新婦
> 啼」的俗名。到現在也只有高齡的漁友知道翻車魨的古俗名原來還
> 被稱做「新婦啼」。清朝時的漁船又小又慢，只捉得到游得慢又毫無
> 戒心的翻車魚，在那個漁法、漁具甚至保鮮運銷都不發達的時代，
> 對於肉質白淡、含水量極高，當然也只能說牠「味甚美」了。……
> 漁友口中最常稱呼的俗名是「蜇魟」，意思就是「會吃海蜇、長得像
> 魟魚的魚」，在開放海域、有太陽的天氣中，經常懶散的側躺在海面
> 上曬太陽的翻車魚，在英文俗名中也常被叫做「太陽魚（sunfish）」。
> 在台灣，翻車魨的最時尚名字，則是 2002 年花蓮市「翻車魚季」，
> 因「翻車」語意不吉祥而另辦徵名，最後由「曼波魚」勝出，而「曼
> 波魚」的名字廣為流傳之時，牠最古老、最鄉土的原名「新婦啼」
> 卻幾乎完全被遺忘了。〔註41〕

2002 年花蓮市「翻車魚季」，因為「翻車」語意不吉祥，而另徵新名，最後定名為「曼波魚」勝出，現在「新婦啼」之名反而不為人所知。

〔註40〕 丁紹儀：《東瀛識略・海防　物產・物產》，臺灣文獻叢刊，第二種，卷五，頁 60～61。

〔註41〕 〈人與魚的故事（一月、翻車魨篇）〉，《台灣珊瑚礁學會簡訊》，上網日期：20150306，網址：http://proj1.sinica.edu.tw/~tcrs/index.files/20120102.pdf。

鸚哥魚的得名由何得來呢？主要是牠的嘴型相似鳥類鸚哥。這種魚顏色鮮豔，屬珊瑚礁魚類，很多人懷疑這種魚是否可以吃，其實它非常好吃，因為肉厚緊實，魚皮也充滿膠質，所以很受歡迎。〔註42〕

孫元衡（？～？）在康熙44年（1705）來臺後，有〈鸚哥魚（作者註：「鳥觜，紅色，週身皆綠。」）〉之作：

> 朱施鳥喙翠成襦【朱施鳥喙翠成襦】，陸困樊籠水厄眾。信是知名無隱法，曾聞真臘有浮胡（作者註：「相傳真臘有魚名為浮胡，觜似鸚鵡。」）〔註43〕

「朱施鳥喙翠成襦【朱施鳥喙翠成襦】，陸困樊籠水厄眾」二句書寫鸚哥魚的嘴巴部分與鸚鵡相類似地彎起，也同樣有紅色和綠色相間的外形，只是一個是在陸地上受到鳥籠的禁錮，一個是在水中被漁網所困住。「信是知名無隱法，曾聞真臘有浮胡」二句則是書寫在中南半島古國——真臘國，傳說中有浮胡魚，它的嘴巴也是像鸚鵡一般，以為這個可能和鸚哥魚有淵源。

孫元衡又有〈新婦啼（魚名，狀本鮮肥，熟則拳縮，意取新婦未諳，恐被姑責也。）〉：

> 泔魚未學易牙方，軟玉銷為水碧漿。廚下卻憐三日婦，羹湯難與小姑嘗。〔註44〕

作者乃是針對此魚的名稱而作的遊戲之作。首二句「泔魚未學易牙方，軟玉銷為水碧漿」書寫新嫁娘因為廚藝不佳，因而烹調新婦啼這類的魚時，因為肉熟了而拳縮起來，只剩下清清的魚湯。「廚下卻憐三日婦，羹湯難與小姑嘗」二句書寫因為魚肉拳曲，魚湯顯得沒有料，連要請小姑先嚐一下味道都有困難，突顯了新嫁娘的焦急，讓人為之同情不已。

朱仕玠在〈小琉球漫誌〉中亦曾提及新婦啼及鸚哥魚：

> 海族漁人浪品題，一時傳播信無稽。青紅便號鸚哥樣，拳縮何關新婦啼。

〔註42〕 〈choice food 鸚哥魚〉：「這種魚不僅能吃，而且還非常好吃。除了肉厚緊實外，皮也充滿膠質，對愛美的女性與媽媽都很棒，膠質含量不輸巧益市有販售的大目鮪尾呢！」上網日期：20150306，網址：http://www.choicefood.com.tw/goods-176.html。

〔註43〕 孫元衡：〈鸚哥魚（作者註：「鳥觜，紅色，週身皆綠。」）〉，《赤崁集・戊子》，臺灣文獻叢刊，第一○種，卷四，頁72。

〔註44〕 孫元衡：〈新婦啼（魚名，狀本鮮肥，熟則拳縮，意取新婦未諳，恐被姑責也。）〉，《赤崁集・戊子》，臺灣文獻叢刊，第一○種，卷四，頁72。

鸚哥魚，嘴紅色，週身皆綠。新婦啼，亦魚名，甚鮮美。漁人以烹
時舉體拳縮，如新婦畏見姑之狀。〔註45〕

「海族漁人浪品題，一時傳播信無稽」二句乃是書寫臺地特有的魚種，有著
特殊的名稱，讓作者覺得相當不可信。「青紅便號鸚哥樣」書寫鸚哥魚的外形
顏色有青色和紅色，詩人就批判臺人將它取為鸚哥魚相當沒有道理。「拳縮何
關新婦啼」則是批判臺人因為這種魚煮熟就會縮起來，就將它取名為「新婦
啼」，也是相當沒有根據。

　　劉家謀（1814～1853）在〈臺海竹枝詞，十首之八〉有許多魚名串成之
詩亦有提及新婦啼：

郎船可有風吹否，新婦啼時郎識無。怕郎不見遍身苦，勸郎且作回
頭鳥。（作者註：「『風吹否』，魚名。『新婦啼』，魚名，狀本鮮肥，
熟則拳縮，意取新婦未諳，恐被姑責也。『遍身苦』，魚名，身有花
點。烏魚每冬至前去大海散子，後引子歸原港，曰『回頭鳥』。」）

「郎船可有風吹否，新婦啼時郎識無」二句以臺地魚種「風吹否」及「新婦
啼」的名稱加以聯綴，表達思婦對丈夫的思念：良人啊，你的船可有風將你
吹來？是不有聽到思念你的哭泣聲？「怕郎不見遍身苦，勸郎且作回頭鳥」
此二句亦以魚名「遍身苦」及「回頭鳥」來加以書寫：因為怕您不來，思念
不得的心令我全身都是痛苦的感覺，希望您能像回頭的烏魚一般，早日的回
到我的身邊。

四、擔仔麵

　　擔仔麵起源於清領末期至日治初期之時，原為漁民在漁獲不好的月份
時，為了謀求生存而做的營生。如今儼然成為臺南飲食中的代表，其中以「度
小月」最有代表性，資料如下：

臺灣「度小月」源起於1895年洪氏先祖平時以補魚為生，每年在海
象不佳的季節時因無法出海補魚，漁民俗稱「小月」，為了養家活口，
就賣起麵來藉此「度」過「小月」，一開始以擔仔挑著沿街叫賣，
於攤前燈籠上，書寫著「度小月擔仔麵」六個字。由於口味獨道，
廣為大眾接受，「度小月擔仔麵」卻成為金字招牌，後來直接轉行賣

〔註45〕朱仕玠：《小琉球漫誌・瀛涯漁唱（上）》，臺灣文獻叢刊，第三種，卷四，頁
40。

麵這就是「度小月擔仔麵」的由來。目前已傳至第四代繼續經營。
〔註46〕

度小月擔仔麵起源於 1895 年洪姓漁民，因為在海象不佳的月份，為了養家活口，就沿街賣麵，一開始以擔仔挑著，在攤前燈籠上寫著「度小月擔仔麵」，現在已成為金字招牌。

> 臺南清明時節與夏季七至九月份時常有颱風侵擾，風雨交加導致不易出海捕魚，故漁家生計頓時艱困，因此稱颱風來襲頻繁、生計維持不易的月份為「小月」。以捕魚為業的洪芊頭在無法出海捕魚時候，常於臺南市水仙宮廟前叫賣麵食以維持生計、度過小月，並自名「度小月擔仔麵」，書寫在攤前所吊的燈籠上。〔註47〕

臺南地區海象不佳的月份是從清明開始到九月份，那時常有颱風，所以漁家不易出海捕魚，這些月份稱為「小月」。剛開始叫賣的地點常在臺南市水仙宮廟前。

趙鍾麒（1863～1936），臺南市人，在日治時期有〈擔仔麵〉：

> 銀條玉練和酸辛，輕擔挑來屬雅賓。小集最宜嘗薄夜，也如蓴膾憶詩人。五味調和玉縷珍，輕挑夜叫六街巡。南瀛食譜添佳點，一段豚香動雅人。搓雪成條食品珍，香風吹滿六街春。檀郎薄夜親嘗味，玉碗盛來奉美人。〔註48〕

「銀條玉練和酸辛，輕擔挑來屬雅賓」二句書寫擔仔麵的口味及叫賣的方式是以擔子挑來的方式。「銀條玉練」是在比擬擔仔麵的麵條，「酸辛」則是書寫擔仔麵酸中帶辛辣的口感。「小集最宜嘗薄夜，也如蓴膾憶詩人。五味調和玉縷珍，輕挑夜叫六街巡。」四句書寫著擔仔麵很適合在宵夜時吃，它也像味道鮮美的蓴菜羹、鱸魚膾一般，會引起詩人思鄉的心情。擔仔麵的麵條就像玉一般的絲線，每一口都傳來五味調和的鮮美口感。在夜晚中挑著擔子在六條熱鬧的街上叫賣。「南瀛食譜添佳點，一段豚香動雅人。搓雪成條食品珍，

〔註46〕　〈關於度小月的歷史由來〉，臺南度小月官方網站，上網日期：20150215，網址：http://www.noodle1895.com/site/index.html#!/about。

〔註47〕　〈擔仔麵〉，上網日期：20150306，網址：http://zh.wikipedia.org/wiki/%E6%93%94%E4%BB%94%E9%BA%B5。

〔註48〕　趙鍾麒：〈擔仔麵〉，《全臺詩──智慧型全臺詩知識庫》，上網日期：20150502，網址：http://xdcm.nmtl.gov.tw/twp/b/b02.htm。此詩收於《臺南新報》，「詩壇」欄，南社擊缽吟，1927 年 2 月 28 日，第六版。

香風吹滿六街春」四句書寫著臺南的美食食譜上從此之後又增加了一道佳餚，它所傳來的豬肉香足以吸引風雅的人。它的麵條雪白如玉，食品是如此的珍美。在風吹拂下，六街都瀰漫著擔仔麵吸引人的香味。「檀郎薄夜親嘗味，玉碗盛來奉美人」二句書寫情郎在宵夜吃到這樣的美味時，都會弄上一碗，請他心儀的女子嚐嚐這樣的美味。

第二節　信仰的書寫

臺人相當信仰鬼神，在《臺陽見聞錄》中特別提到臺南的人也是如此，如下：

> 臺南郡城好尚鬼神。遇有神佛誕期，斂費浪用。〔註49〕

臺南重視鬼神信仰，因此在神佛壽誕的時候，常有許多慶祝活動，在外地人眼中，常常覺得過於浪費，而有所批判。茲就臺南人表現信仰的方式及信仰的神祇加以分別敘述如下。

一、表現方式

清朝到日治時期的文字紀錄中，臺南人民在神佛的壽誕或重要的慶典活動時，除了供品豐盛之外，還喜歡以演劇及禳醮的方式來表示虔誠的心意。

（一）演劇

乾隆時來臺的朱景英在《海東札記》中有記載臺人喜歡演戲：

> 神祠，里巷靡日不演戲，鼓樂喧闐，相續於道。演唱多土班小部，
> 發聲詰屈不可解，譜以絲竹。別有宮商，名曰「下南腔」。又有潮班，
> 音調排場，亦自殊異。郡中樂部，殆不下數十云。〔註50〕

神祠每一天都在演戲，因此鼓樂喧鬧之聲，在路上不斷地接續著。臺南地區的樂部，大概有數十個之多。如此龐大的數量，可以推知當時臺南的人對演戲的熱衷。

《臺灣通史》中亦有相關記載：

> 夫臺灣演劇，多以賽神。坊里之間，醵資合奏。村橋野店，日夜喧

〔註49〕唐贊袞：《臺陽見聞錄・臺陽見聞錄卷下・風俗・賽會》，臺灣文獻叢刊，第三〇種，頁145。
〔註50〕朱景英：《海東札記・記氣習》，臺灣文獻叢刊，第一九種，卷三，頁29。

闌。男女聚觀，履 交錯，頗有驩虞之象。〔註51〕

臺灣地區演劇，多半是設祭酬神。街坊之間，共同集資，所以村橋野店，人潮聚集的地方，常有演劇的樂聲，日夜喧鬧。男女都在一同觀聚，很有歡樂的氣息。

《安平縣雜記》也有相關的記錄：

俗尚演劇，凡寺廟佛誕，擇數人以主其事，名曰「頭家」。歛金於境內，演戲以慶，鄉間亦然。〔註52〕

臺南地區的風俗很注重演戲，在寺廟神佛壽誕的時候，常常選出幾個負責這類慶祝事項的人，稱他們爲「頭家」。他們負責在鄰里之間收錢，請戲班子演戲，在鄉村的地方也是有這樣的習俗。

《安平縣雜記》又有更詳細的記錄：

迎神用十歡、八管、四平軍、太平歌、郎君曲、青鑼鈸、小兒樂鼓樂。喜事用三通鼓吹八音。喪事用藍鈸鼓滿山鬧棺後送鼓樂。

酬神唱傀儡班、喜慶、普度唱官音班、四平班、福路班、七子班、掌中班、老戲、影戲、□鼓戲、採茶唱、藝妲唱等戲。迎神用殺獅陣、詩意故事、蜈蚣杆等件。

七月普度，普祭陰魂，演唱地獄故事。係鎮臺衙、臺南府衙、安平縣衙三所年年演唱，不敢或違。時有遇官長議欲刪除舊例，常見滿衙官吏胥役不能平安，多逢鬼祟；是此例不能除也。一次費金一、二百圓。〔註53〕

在迎神、喜事、喪事、酬神、普渡時都各有其音樂及相關活動。尤其是在每年七月普度時，要演唱地獄故事。如果要違背舊例，都常有不平安的事件發生，所以臺南地區對此相當重視。

《臺陽見聞錄》對演戲時的演員有所批判：

當賽會之時，往往招攜妓女，裝扮雜劇，鬥豔爭妍，迎春大典也。而府縣各書差亦或招妓裝劇，騎而前驅，殊屬不成事體。〔註54〕

〔註51〕 連橫：《臺灣通史・風俗志・演劇》，臺灣文獻叢刊，第一二八種，卷二十三，頁612。

〔註52〕 《安平縣雜記・風俗附考》，臺灣文獻叢刊，第五二種，頁12。

〔註53〕 《安平縣雜記・風俗現況》，臺灣文獻叢刊，第五二種，頁14～15。

〔註54〕 唐贊袞：《臺陽見聞錄・臺陽見聞錄卷下・風俗・賽會》，臺灣文獻叢刊，第三〇種，頁145。

由於臺南地區在演戲時，常常用妓女來充當演員，裝扮得花枝招展，常令宦遊來臺的地方官覺得不成體統，難以接受。

薛約（？～？）是嘉慶年間（1796～1820）江蘇江陰人。有提及演劇的古典詩，如〈臺灣竹枝詞〉：

二十首之九

乾隆丙午（1786）、丁未（1787）間，臺灣林逆滋事。雖閱邸報傳聞異詞，覆檢《臺灣縣志》閱之，因得備稔其風土之異，遂作〈臺灣竹枝詞〉二十首。越二十年，而家雲廬出宰斯邑，續修《縣志》。志成，郵歸付梓，余得預校讎之役。因檢原稿，附入末卷。不揣固陋，用質纂輯諸公。

演劇迎神遠近譁，艷粧處處競登車。阿郎推挽出門去，指點紅塵十里賒。〔註55〕

「演劇迎神遠近譁，艷粧處處競登車」二句書寫迎神演劇自遠而近，都是相當嘈雜熱鬧，女士們在此時打扮得花枝招展，簇擁著去參加熱鬧的盛會。「阿郎推挽出門去，指點紅塵十里賒」二句書寫著有情人在此也會挽著手參加演劇的活動。

劉家謀在〈海音詩〉中亦有提及七月普度時演劇的熱況：

雞似鷥鳳龜似山，梨園子弟演分班；怪來海外都隨俗，聲味全無佛亦艱！

七月普度，日夜演劇，有四、五臺相連者。以雞鴨作鳳鷥狀；以豬作山，布人物其上以供佛。〔註56〕

「雞似鷥鳳龜似山，梨園子弟演分班」二句呈現了普度的奢華，把雞、鴨等作成鳳鷥的樣子、豬作成山那樣高，當成供品來普度。另外，還請了演劇的人日夜輪班表演。「怪來海外都隨俗，聲味全無佛亦艱」二句批判：如此的奢華、完全沒有佛理的色彩，佛祖在執行普度之時，也會覺得很為難吧！

（二）禳醮

《安平縣雜記》有禳醮的記載：

〔註55〕薛約：〈臺灣竹枝詞〉，《全臺詩——智慧型全臺詩知識庫》，上網日期：20141102，網址：http://xdcm.nmtl.gov.tw/twp/b/b02.htm。此組詩收於薛志亮《續修臺灣縣志》〈藝文〉、又載陳漢光《臺灣詩錄》。

〔註56〕劉家謀：《臺灣雜詠合刻・海音詩・海音詩》，臺灣文獻叢刊，第二八種，頁25。

> 市街延請道士禳醮，三年一次，有曰「三條醮」，有曰「五條醮」（水
> 醮、火醮，祈安慶成也）。皆由民人捐緣集金，和衷共濟，以祈天地
> 神明為民人消災降祥之意。一次費金幾千圓。鄉莊里堡民人則費金
> 幾百圓。〔註57〕

街坊之中會延請道士設壇念經做法事，有的是三年一次，稱為「三條醮」，有
的是五年一次，叫做「五條醮」。都是由人民集資共同舉辦，目的就是為了祈
求神明替人民消災降祥。

《海東札記》有記載迎神賽會的活動及王醮之事：

> 俗喜迎神賽會。如天后誕辰、中元普度，輒釀金境內，備極鋪排，
> 導從列仗，華侈異常。又出金僱人家垂髫女子，裝扮故事，异遊於
> 市，謂之「□閣」，靡靡甚矣。每舉尚王醮設壇，造舟送迎，儭恪糜
> 費，尤屬不貲。〔註58〕

在天后誕辰及中元普度的時候，有非常隆重的祭典，相當豪華奢侈。而每次
舉辦王醮活動時，造船來送神、迎神，耗費更多。

連橫在《雅言》也有相關紀錄：

> 臺南建醮之時，先擇寬曠之地，設置神壇，曰天師壇、曰觀世音壇、
> 曰玄天上帝壇，裝飾華美。以七巧棹陳列壇內，上置金石古玩，多
> 方羅致，以誇珍異。臺南故家舊多收藏，平時秘不示人，排壇始肯
> 出展，亦可以供觀覽也。壇前之左置一巨瓶，高二尺餘，上插蓮花；
> 右則一大盤，徑大近二尺，插曇花。二者為佛教清淨之卉，非此不
> 足以表其莊嚴。建醮之時，常在春秋佳日，故壇內多名花；此則他
> 處所無也。他處之壇，雖有臺南之偉麗而無臺南之華貴。〔註59〕

臺南在建醮的時候，會先選擇一個寬曠的地方，設置神壇，而且裝飾相當華
美。在壇內會放一些奇特珍貴的金石古玩，用來誇耀。臺南一些大家族，平
時秘不示人的收藏，在此時才會出來展示。別的地方的神壇，雖然可能有臺
南神壇的雄偉美麗，卻不可能像臺南神壇那樣的富貴華麗。

彭廷選（？～？）清道光29年（1849）拔貢，有〈盂蘭竹枝詞〉十二首，
其中有論及中元禳醮之事，如下：

〔註57〕　《安平縣雜記‧風俗附考》，臺灣文獻叢刊，第五二種，頁14。
〔註58〕　朱景英：《海東札記‧記氣習》，臺灣文獻叢刊，第一九種，卷三，頁28～29。
〔註59〕　連橫：《雅言‧雅言》，頁105。

> 祀典原來肅屬壇，民間禳醮祝平安。若云冤鬼須超度，何必森羅設
> 判官。〔註60〕

詩中表達了對盂蘭盆會的批判。「祀典原來肅屬壇，民間禳醮祝平安」2 句表示盂蘭盆原本是針對無後人祭祀鬼神的活動，民間乃是為了祈求平安才有請道士做法事的禳醮。「若云冤鬼須超度，何必森羅設判官」2 句主張盂蘭盆無需如此大費周張，因為如果所有的冤鬼都能超度的話，那麼森羅殿中的判官又有什麼作用呢？

何澂（？～？），光緒元年（1875）擔任參幕來臺，其〈臺陽雜詠〉中有提及臺人信仰的情形：

二十四首之十

> 閩人信鬼世無儔，臺郡巫風亦效尤：出海大儺剛仲夏（出海在五月，
> 義取逐疫。造木舟，以五彩紙為瘟神像；禮醮演戲畢，舁像舟中，
> 鼓吹儀仗，送船入海），沿鄉普度又初秋（普度，自七月初起至月盡
> 止。設壇禮醮、搭臺演劇、結綵張燈，鋪設極盛；豬魚雞鴨等類，
> 積如岡阜）；婦男桎梏虔迎送（出會之日，赬衣遍路；閨閣婦女，亦
> 荷枷、帶鎖跪迎道左），酒肉池林敬獻酬。讕語客師能愈病，喧天鑼
> 鼓妄祈求（有非僧、非道專事祈禳者曰「客師」；書符、行法，謂能
> 愈病）。〔註61〕

「出海大儺剛仲夏，沿鄉普度又初秋」之句是說明臺南人熱衷於信仰的情況。在五月，才為了驅逐瘟疫。造王船，用五彩紙作瘟神像；在請道士禮醮，請人演戲完畢後，將瘟神像放到船中，再一路用鼓吹儀仗，送船入海。接著秋天到了，又是普度的時候，從農曆自七月初起到七月完才完全結束。這段時間設壇禮醮、搭臺演劇、結綵張燈，各色各樣，鋪設極盛；豬魚雞鴨等供品，都堆積如山，相當可觀。

日治時期，蔡佩香（1867～1925）〈詠盂蘭會〉二首，也有提及禳醮的活動：

> 唐時逸事至今存，競說盂蘭勝會紛。貝葉宮中排法寶，蓮花界上拔
> 遊魂。

〔註60〕彭廷選：〈盂蘭竹枝詞〉，《臺灣詩乘》，臺灣文獻叢刊，第六四種，卷三，頁140。

〔註61〕何澂：〈臺陽雜詠〉，《臺灣雜詠合刻·臺灣雜詠合刻·臺陽雜詠》，臺灣文獻叢刊，第二八種，頁67。

幾多醍露重冥灑，無數金鐃徹夜喧。絮酒篷燈仍設醮，放些焰口記
中元。〔註62〕

「貝葉宮中排法寶，蓮花界上拔遊魂」二句書寫了盂蘭盆會的攘醮活動，希
望能夠超度遊魂，讓祂們可以離苦得樂。「幾多醍露重冥灑，無數金鐃徹夜喧」
二句書寫了攘醮活動徹夜喧鬧的情形，其中有向游魂灑醍露水的活動，表示
對祂們的祝福。「絮酒篷燈仍設醮，放些焰口記中元」二句描述有搶孤設醮，
放焰口等活動，讓中元慶典可以有一個圓滿的結果。

二、信仰神明

臺南地區為臺灣最早開發的地區，此處的廟宇都擁有深厚的歷史。每逢
慶典，通常都是相當熱鬧。而這些已有數百年的歷史，古典詩作中亦有針對
這些信仰活動有所描述。茲就提及鯤身王、媽祖、清水祖師、保生大帝為古
典詩作，分述之。

（一）鯤鯓王爺

康熙年間的《臺灣縣志》中有提及，臺南地區重視王醮，每三年一次，
主要為送瘟疫而舉行：

臺尚王醮，三年一舉，取送瘟之義也。附郭鄉村皆然。境內之人，
鳩金造舟，設瘟王三座，紙為之。延道士設醮，或二日夜、三日夜
不等，總以末日盛設筵席演戲，名曰請王；進酒上菜，擇一人曉事
者，跪而致之。酒畢，將瘟王置船上，凡百食物、器用、財寶，無
一不具。十餘年以前，船皆製造，風篷、桅、舵畢備。醮畢，送至
大海，然後駕小船回來。近年易木以竹，用紙製成，物用皆同。醮
畢，抬至水涯焚焉。凡設一醮，動費數百金，即至省者亦近百焉；
真為無益之費也。〔註63〕

臺南地區每三年一次的王船祭，由境內的人集資造船，裡面設瘟王三座，用
紙作成。請道士做法事，歷時 2 至 3 日不等，最後一日時會設宴席、並且請

〔註62〕蔡佩香：〈詠盂蘭會〉，《全臺詩——智慧型全臺詩知識庫》，上網日期：
20141102，網址：http://xdcm.nmtl.gov.tw/twp/b/b02.htm。此詩收於王炳南《潛
園寓錄》。

〔註63〕陳文達：《臺灣縣志・輿地志一・風俗・雜俗》，臺灣文獻叢刊，第一〇三種，
頁 60～61。

戲班演戲，稱為請王。等到酒宴完畢時，將瘟王放在船上。船上有各種大大小的的器物、食物、財寶等。等到法會結束，把船抬到水邊，加以焚燒。做一場這樣的法事，至少要花費數百金，就算再省一些，也得要將近百金，所以《臺灣縣志》的作者加以批判：這是無意義的大花費。

黃叔璥在《臺海使槎錄》中有提及鯤身王爺的來歷：

> 三年王船備物建醮，志言之矣。及問所祀何王？相傳唐時三十六進
> 士為張天師用法□死，上帝敕令五人巡遊天下，三年一更，即五瘟
> 神；飲饌器具悉為五分。外懸池府大王燈一盞，云偽鄭陳永華臨危
> 前數日，有人持柬借宅，永華盛筵以待，稱為池大人，池呼陳為角
> 宿大人，揖讓酬對如大賓；永華亡，土人以為神，故並祀焉。〔註64〕

《臺灣府志》說每三年要舉辦一次王船祭。有人問王船祭中所祭祀的神是誰？相傳是唐朝時有 36 位進士，被張天師害死。於是玉帝下令其中的 5 個人巡遊天下，每 3 年就輪替一次，就是所謂的五瘟神。在祭祀時，飲食都是備好五份。另外，在外面也會懸掛池府大王的燈。明鄭時期陳永華在將要去世的前幾日，有池大人來訪，陳永華熱情款待，而池大人也稱呼陳永華為角宿大人。等陳永華去世後，當地的人也一同祭祝陳永華。

1764 年刊行的《重修鳳山縣志》中亦有王醮的相類似的記載：

> 民間齋醮祈福，大約不離古儺。近是，最慎重者曰王醮。先造一船
> 曰王船，設王三位（或曰一溫姓、一朱姓、一池姓），安置外方，迎
> 至壇次。齋醮之時，儀仗執事、器物筵品，極誠盡敬。船中百凡齊
> 備，器物窮工極巧，糜金錢四、五百兩，少亦二、三百兩。醮畢、
> 設享席演戲，送至水濱，任其飄去（紙船則送至水濱焚之）。夫儺以
> 逐疫，聖人不妨從眾。至云船泊其地，則其鄉必為厲，須建醮禳之：
> 噫！神聰明正直而壹者也，豈有至則為厲而更禳之理？且人亦何樂
> 為不見益己而務貽禍於人之事耶？此理之不可信者也。〔註65〕

由「設王三位（或曰一溫姓、一朱姓、一池姓），安置外方，迎至壇次」之句可以知道所設的瘟王為三位，與《臺海使槎錄》的五位有一些出入。「至云船

〔註64〕黃叔璥：《臺海使槎錄·赤崁筆談·祠廟》，臺灣文獻叢刊，第四種，卷二，頁 45。

〔註65〕王瑛曾：《重修鳳山縣志·卷三 風土志·風俗·附錄》，臺灣文獻叢刊，第一四六種，卷三，頁 59。

泊其地，則其鄉必爲厲，須建醮禳之」之句，記載著王船若是漂至某一個沿海區域，那個地方就必須做醮，避免瘟疫的發生。

光緒年間的《臺陽見聞錄》亦有記載：

> 儺出海在五月，義取逐疫，造木舟以五彩紙爲瘟神像，禮醮演戲畢，舁像舟中，鼓吹儀像，送船入海。出會之日，婦女荷枷、帶鎖、赭衣遍路。〔註66〕

迎神賽會以樂舞驅逐疫鬼，這也是送王船常見的場景。在祭祀的時候，也會看到滿路上都是婦女背帶的枷鎖、穿著囚衣，在那裡走著，形成一個奇景。

《安平縣雜記》中亦有 12 年一次的王爺醮記載：

> 近海莊民有王爺醮，十二年一次，用木製王船禳醮三日，送船出海，任風飄流。間有王船停滯他莊海岸，則該莊亦要禳醮。不然，該莊民人定罹災禍。此有明驗也。〔註67〕

12 年一次的王爺醮，王船由木頭所製，在禳醮三日之後，就送船出海，任風將它帶到那裡，如果剛好停靠在某一個村莊，那一個村莊一定要禳醮，不然可能會有災禍發生。

在南鯤身代天府的官方網站上，則有以下的傳說記錄：

> 話說明朝末年的一個晚上，數十名漁民正在南鯤鯓沙汕上捕魚，忽然從海上飄來一陣鐘鼓管弦的樂聲，並且出現一艘三檣的大帆船，緩緩駛進南鯤鯓灣。隔天，這些漁民一齊到港口看個究竟，結果只看到一艘破舊的小船停在岸邊，裡面載著六尊神像，分別寫著：「大王李府千歲、二王池府千歲、三王吳府千歲、四王朱府千歲、五王范府千歲、中軍府」，以及一支神木和「代天巡狩」的旌旗。漁民於是將這些神像供奉在草寮內，早晚焚香膜拜，結果從那天起，漁民只要出海捕魚，一定滿載而歸。從此神威廣播，信徒也越來越多。後來有人提議建廟來供奉神明，但是因爲財力不夠，只好祈求五王另外找尋吉地。在隆重祭祀之後，漁民們恭送王船出港。想不到出港不到一個時辰，王船竟然又逆流返航，而且停靠在原來的地方。漁民驚訝不已，並認爲五王打算長駐在這裡，所以再次恭迎上岸，

〔註66〕唐贊袞：《臺陽見聞錄・臺陽見聞錄卷下・風俗・儺》，臺灣文獻叢刊，第三〇種，卷下，頁144。

〔註67〕《安平縣雜記・風俗附考》，臺灣文獻叢刊，第五二種，頁14。

安奉在草廟中祭拜。王船逆流返航的神蹟遠近轟動，朝聖謁拜的人絡繹不絕，居民的生活也因為漁獲豐富，而日漸改善。後來沿海居民感受到神恩浩蕩，再度提議為五王建廟，於是有錢出錢，有力出力，建廟工程正式展開。神廟建築期間，泉州名雕刻師「媽福師」受五王託夢，隻身來台雕刻神像，原王船內的神木劃有六段，媽福師依指示取前五段雕刻成五王金身，第六段雕刻成中軍府，也就是現在所說的「開基正身」神像。神像完成後，五王選擇吉時於四月二十六日午時開光點眼，由高功法師主持，點睛後神像鏗然有聲，振動不已，其中三王振動最為激烈，足足有半個時辰之久。在大家的通力合作之下，終於在康熙元年（西元 1662 年）完工，稱為「南鯤鯓廟」，因為是開台首廟，所以也叫做「開山廟」，而五府千歲也因此被尊為「南鯤鯓王」。〔註68〕

在上述的記述中，可以知道：此五位王爺在明朝末年以傳奇的方式出現在一艘小船上，其中還有一個令旗。祂們的到來，使得當地漁民出航必定滿載而歸。所以遠近馳名。由於當地的信徒沒有經費為祂們建造廟宇，所以在做為法事之後，請祂們另尋地點。沒想到到一個時辰，祂們逆流又回到原處。最後又回到此地，而居民也集資建造廟宇，就是現在的南鯤鯓代天府。

連橫在《臺灣詩乘》亦有記錄：

南鯤鯓在安平之北，距治約二十里，每年五月，其王來郡，駐良皇宮，六月始歸。男女晉香，絡繹不絕，刑牲演劇，日費千金，而勾闌中人祀之尤謹。〔註69〕

南鯤鯓在安平的北方，距離臺南府城大約 20 里，每年的 5 月南鯤鯓王爺會來府城，6 月回去南鯤鯓。此時府城中的人開始迎鯤身王爺的活動，供品、演劇，而風月場所的人更是特別虔誠。

許廷崙（？～？），清道光年間（1821～1850）人士。有〈鯤身王〉：

落花如塵香不歇，紫簫吹急夕陽沒。靈旂似復小徘徊，解纜風微託不發。碧波涵鏡逼人清【碧波涵鏡逗人清】，照見輕妝水底月。龍宮百寶縱光怪，洛水明璫漢皋佩。淫佚民心有識傷，昇平餘事無人績。

〔註68〕〈鯤鯓三寶〉，南鯤鯓代天府官方網站，上網日期：20150306，網址：http://www.nkstemple.org.tw/2010/2012_web/2012_web_A_4.htm。

〔註69〕連橫：《臺灣詩乘》，臺灣文獻叢刊，第六四種，卷三，頁 136。

神來漠漠雲無心，神去滔滔空水深【神去滔滔江水深】。士女雜沓舉

國狂，年年迎送鯤身王。〔註70〕

「落花如塵香不歇，紫簫吹急夕陽沒」之句以嗅覺、視覺及聽覺的感官摹寫

描述迎送鯤身王爺的的熱鬧景象。落花之多，如同塵埃，空氣中瀰漫著各種

花香的氣息，在紫簫急奏的樂音中，夕陽漸漸西沉。「靈旂似復小徘徊，解纜

風微訖不發。碧波涵鏡逼人清【碧波涵鏡逗人清】，照見輕妝水底月。龍宮百

寶縱光怪，洛水明璫漢皋佩」六句書寫王船的精美及海景的幽清，給人龍宮

百寶，目不暇給之感。「淫佚民心有識傷，昇平餘事無人績。神來漠漠雲無心，

神去滔滔空水深【神去滔滔江水深】。士女雜沓舉國狂，年年迎送鯤身王」六

句書寫臺南地區送王船的情景，每年都有儀式盛大的王船祭，可以說是全國

同時匯聚，狂熱地進行這一項宗教儀式。

　　劉家謀（1814～1853）〈海音詩〉也有鯤身王爺的記錄，如下：

一百首之三七

鯤身王，俗謂之「王爺」。以五月來，六、七月歸。歸時，郡中婦女

皆送至海波上。輕薄之徒，藉言出遊，以覘佳麗。

競送王爺上海坡，烏油小轎水邊多。短幨三尺風吹起，斜日分明露

翠蛾。〔註71〕

「競送王爺上海坡，烏油小轎水邊多」二句乃是書寫送鯤身王的情景。其中，

鯤身王，就是一般俗稱的「王爺」。祂五月時來，六、七月回去。在回去的時

候，臺南府城的婦女皆送祂到海上。所以婦女乘坐的烏油小轎，此時在水邊

最為常見。「短幨三尺風吹起，斜日分明露翠蛾」之句書寫風將轎簾吹起，在

黃昏的時候就可以看到她們的身影了。所以有許多輕薄的人，藉口說要送王

船，其實是為了觀看佳麗。

　　劉家謀〈海音詩〉亦有另一首書寫迎鯤身王之敘述，如下：

一百首之七四

解從經史覓傳薪，自有文章動鬼神；夢裏幾曾分五色，年年乞筆向

鯤身。

〔註70〕許廷崙：〈鯤身王〉，《臺灣詩乘》，臺灣文獻叢刊，第六四種，卷三，頁136。

〔註71〕劉家謀：《臺灣雜詠合刻・海音詩・海音詩》，臺灣文獻叢刊，第二八種，頁

15。

枕經葄史者，何地無才；而率爾操觚、便求速化，此學人之通病也。

鯤身王以四、五月來郡，祈禱於行宮無虛日；皆攜所乞以歸，明年必倍數酬之，如求利者乞錢、求名者乞筆乞紙之類。〔註72〕

鯤身王4、5月來臺南府城，城中的男子祈求殷勤，都帶著他們所求的相關之物回家。求財運的就求神明給予錢財，求功名的，就求神明給予筆及紙，明年再以倍數來回報神明。作者因此發出慨嘆：為何讀書人不認真的讀書呢？那就不需要每年都向鯤身王爺求筆了。

劉家謀〈海音詩〉中有對臺人以妓女裝臺閣酬神祭祀活動有所批判：

一百首之二六

賽神，以妓裝臺閣，曰「倪旦棚」；今乃用之送葬【今仍用之送葬】。始作俑於某班頭；至衣冠之家亦效之，可慨也夫！

山邱零落黯然歸，薤上方嗟露易晞。歌哭驟驚聲錯雜，紅裙翠袖映麻衣。〔註73〕

詩人針對臺人以妓女酬神送葬的習俗，竟然擴及到上流社會之中，有所批判，認為此乃不成體統之事，令人慨嘆。

陳肇興（1831～？）〈赤嵌竹枝詞〉亦有鯤身王的書寫：

十五首之十二

荷蘭城外一聲雷，鑼鼓喧闐幾處催。儂向南鯤賽神去，郎從北港進香來。〔註74〕

「荷蘭城外一聲雷，鑼鼓喧闐幾處催」二句表達安平城外正在進行宗教活動，鑼鼓喧天，熱鬧極了。「儂向南鯤賽神去，郎從北港進香來」二句以女子的口吻描述臺地女子對鯤身王相當虔敬，而男子對媽祖的信仰也非常誠心。

林占梅（1821～1868）咸豐五年有〈與客談及嵌城妓家風氣偶成〉：

臺郡盛秋娘，相欣馬隊裝（各境七月盂蘭會，夜放水燈，多以妓女裝成故事。年紀至二十餘者，尚辦馬隊；殊不雅觀）；倩妝簪茉莉，

〔註72〕劉家謀：《臺灣雜詠合刻‧海音詩‧海音詩》，臺灣文獻叢刊，第二八種，頁25。

〔註73〕劉家謀：《臺灣雜詠合刻‧海音詩‧海音詩》，臺灣文獻叢刊，第二八種，頁12。

〔註74〕陳肇興：〈赤崁竹枝詞〉，《陶村詩稿‧己未‧赤崁竹枝詞》，臺灣文獻叢刊，第一四四種，卷四，頁49。

　　款客捧檳榔。最尚巫家鬼，頻燒野廟香；儘觀花與柳，須待送迎王

　　（有神曰南鯤身王爺，廟在鹿耳口。每年五月初至郡，六月初始回；

　　迎送之際，群妓盛服，肩輿列於衢道兩傍，任人玩擇）。〔註75〕

作者批判臺南府城中妓女參與酬神風俗，認爲大不妥。首二句「臺郡盛秋娘，相欣馬隊裝」，就書寫七月盂蘭會時，以妓女演劇的風俗。而「儘觀花與柳，須待送迎王」之句更是書寫一群妓女列於道路兩旁，更是有害風俗。

　　許南英（1855～1917）在1886年有〈臺灣竹枝詞之五〉：

　　鯤鯓王入小西門，一月香煙不斷溫。回駕遍遊城內外，下船時節已

　　黃昏。〔註76〕

「鯤鯓王入小西門，一月香煙不斷溫」2句書寫著鯤身王5月至6月到府城遶境的活動，在這一個月中，香火興盛。「回駕遍遊城內外，下船時節已黃昏」2句書寫在回南鯤身時，王爺神廟依然在臺南府城中遶境，下船回去之時已是黃昏時分了，可以推知當時盛況。

　　鄭鵬雲（1862～1915）在1897年〈逐疫有感〉二首：

　　逐疫年來更賽神，王爺骨相儼然眞。刀光如雪甘心試，太息乩童不

　　惜身。

　　迎神也達長官知，多少旌旗雜國〇。〇士唯餘香一瓣，〇須我佛叩

　　慈悲。〔註77〕

「逐疫年來更賽神，王爺骨相儼然眞」二句書寫賽神活動盛大。「刀光如雪甘心試，太息乩童不惜身」二句針對乩童以身試刀，讓作者甚爲咋舌而嘆息。「迎神也達長官知，多少旌旗雜國〇」二句描述日本官方亦是贊成此類活動。「〇士唯餘香一瓣，〇須我佛叩慈悲」二句書寫臺人對鯤身王的信仰仍是相當虔誠。

　　南鯤身代天府是當地人民信仰的中心。王則修（1867～1952）有〈謁南鯤身廟〉四首：

〔註75〕　林占梅：〈與客談及嵌城妓家風氣偶成〉，《潛園琴餘草簡編‧正文‧乙卯（咸
　　　　　豐五年）‧與客談及嵌城妓家風氣偶成》，臺灣文獻叢刊，第二〇二種，頁73。

〔註76〕　許南英：〈臺灣竹枝詞〉，《窺園留草‧丙戌三十二首‧臺灣竹枝詞》，臺灣文
　　　　　獻叢刊，第一四七種，卷一，頁10。

〔註77〕　鄭鵬雲：〈逐疫有感〉，《全臺詩——智慧型全臺詩知識庫》，上網日期：
　　　　　20141102，網址：http://xdcm.nmtl.gov.tw/twp/b/b02.htm。此詩收於《臺灣新報》，
　　　　　1897年7月1日，第一版。

> 秋日鯤身淨點塵，五王廟裡集詩人。聲靈赫濯波濤戰，宮殿巍峨面
> 目新。
> 座鎮虎峰咸更肅，門臨鯤海浩無垠。果然地勝神功大，三百年來跡
> 未陳。
> 代天宮觀鬱崔巍，有客西風立馬窺。門對迢迢鯤海闊，坐看疊疊虎
> 峰危。
> 輝煌金碧千般麗，赫濯聲靈萬古馳。我也隨緣深下拜，笑他菩薩暗
> 低眉。〔註78〕

王則修在因緣際會中和詩人朋友們來到南鯤身廟。果然波濤洶湧、宮殿巍峨
輝煌，面海背峰，王則修在感念神靈的守護此地，不禁深深地向神靈下拜，
對神情慈祥善良的菩薩表示敬意。

（二）媽祖

　　康熙時來臺的郁永河在《裨海紀遊》中有提及海上的守護神中以媽祖最
為靈驗：

> 海神惟馬祖最靈，即古天妃神也。凡海舶危難，有禱必應；多有目
> 覩神兵維持，或神親至救援者。靈異之蹟，不可枚舉。洋中風雨晦
> 暝，夜黑如墨，每於檣端現神燈示祐。又有船中忽出爝火，如燈光，
> 升檣而滅者；舟師謂是馬祖火，去必遭覆敗，無不奇驗。船中例設
> 馬祖棍，凡值大魚水怪欲近船，則以馬祖棍連擊船舷，即遁去。相
> 傳神為莆邑湄州東螺村林氏女，自童時已具神異，常於夢中飛越海
> 上，拯人於溺。至長不嫁。沒後，屢昭靈顯，人為立廟祀之，自前
> 代已加封號。康熙二十三年六月，王師攻克澎湖，靖海侯施公烺屯
> 兵天妃澳，入廟拜謁，見神衣半身沾溼；自對敵時恍見神兵導引，
> 始悟戰勝實邀神助。又澳中水泉，僅供居民數百人飲；是日，駐師
> 數萬，方以無水為憂，而甘泉沸湧，汲之不竭。表上其異，奉詔加
> 封天后。〔註79〕

郁永河記錄媽祖民間傳聞事蹟，其中有夜晚海上有燈光，以指引船隻歸航、

〔註78〕王則修：〈謁南鯤身廟〉，龔顯宗編，《則修先生詩文集・下・雜篇》，臺南市
　　　　立圖書館，2004 年 12 月，頁 336。
〔註79〕郁永河：《裨海紀遊・海上紀略・天妃神》，臺灣文獻叢刊，第四四種，頁 59
　　　　～60。

有「媽祖火」用以警示船不可再前行、「媽祖棍」可以用來擊打大魚、水怪。相傳媽祖爲湄洲東螺村林姓女子，在小時候就已經具神奇的力量，常常在夢見自己飛越海上拯救別人，長大後並沒有婚配。她去世後，常常顯靈助人，所以民眾就爲祂爲立廟，在明代已有封號。後來相傳施琅率兵攻打澎湖時，就是受到媽祖的庇佑才能順利完成，因而上表，康熙皇帝就下詔封爲天后。

　　《臺灣通史》中有提及臺人媽祖信仰：

　　　　（天后）亦稱天上聖母。臺之男女靡不奉之，而郊商海客且尊爲安
　　　　瀾之神。〔註80〕

說明在臺灣幾乎所有的人都信仰媽祖，許多海上往來的商人將祂奉爲海上的守護神。

　　　　臺南大天后宮位於臺南市，爲主祀媽祖的廟宇，此外也是中華民國
　　　　國定古蹟。該廟宇原址本爲明朝寧靖王朱術桂所居住的寧靖王府
　　　　邸，後來在寧靖王捨宅之後轉變成媽祖廟。〔註81〕

康熙年間纂輯的《臺灣縣志》中有相關的記載：

　　　　大媽祖廟，即寧靖王故居也。康熙二十三年，靖海將軍侯施琅捐俸
　　　　改建爲廟，祀媽祖焉。

　　　　媽祖，莆田人，宋巡檢林愿女也。居與湄洲相對，幼時談休咎，多
　　　　中。長能坐席亂流以濟人，群稱爲神女。厥後，常衣朱衣，飛翻海
　　　　上。里人因就湄建祠祀之，雨暘禱應。宣和癸卯，路允迪使高麗，
　　　　遇風；神降於檣，得無恙。還，奏賜號「順濟」。紹興己卯、開福丙
　　　　寅、景定辛酉，歷加封號。元賜額「靈濟」；明永樂封爲「護國、庇
　　　　民、妙靈、昭應、弘仁、普濟天妃」。國朝改封爲「天后」。各澳港
　　　　俱有廟祀。〔註82〕

寧靖王殉國之後，由施琅捐俸將此地改建媽祖廟。《臺灣志略》敘及的府城天后廟，即是現在的臺南大天后宮，如下：

　　　　天后廟，在西安坊。后林姓，興化莆田人。父名愿，五代時官都巡
　　　　檢。母王氏，以宋太祖建隆元年庚申三月二十三日產后於莆田之湄

〔註80〕連橫：《臺灣通史・宗教志・神教》，臺灣文獻叢刊，第一二八種，卷二十二，
　　　　頁 573～574。
〔註81〕張耘書：《臺南媽祖信仰研究》，臺南市政府文化局，2013 年，頁 65。
〔註82〕陳文達：《臺灣縣志・雜記志九・寺廟・在西定坊》，臺灣文獻叢刊，第一〇
　　　　三種，頁 209。

洲嶼。方誕，紅光滿室，異氣氤氳。生彌月，不聞啼聲，故名「默
娘」。八歲，就塾讀書，輒解奧義。喜焚香禮佛，十三歲，得道典秘
法。年十六，觀井得符，能布席海上濟人。雍熙四年丁亥秋九月九
日昇化，或云二月十九日，年二十有八。是後常衣朱衣，乘雲遊島
嶼間。里人祠之，有禱輒應。宣和間，賜順濟廟號。自是託明，屢
徵靈蹟。嘉靖中，編入祀典；以後疊加徽號。國朝康熙十九年，總
督姚啓聖、巡撫吳興祚以盪平海島，神靈顯應，奏准敕封。二十二
年，我師征澎湖，恍有神兵導引，後屯兵媽宮澳，靖海侯施琅謁廟，
見神衣袍半濕，臉汗未乾，始悟實邀神助。又澳中井泉只可供數百
口，是日駐師萬人，泉暴湧不竭。及琅率舟師入鹿耳門，復見神兵
前導，海潮驟漲。表上其異，特遣禮部致祭，敕建神祠於原籍，紀
功加封天后。五十九年，編入祀典。雍正四年，御賜「神昭海表」
額於今廟。十一年，賜「錫福安瀾」扁，令江海各省一體奉祠致祭。
后英靈溥濟，呼吸感通，不可思議。沿海船戶，俱各虔供香火。倘
有危難，輒呼媽祖。洋中風雨晦冥，慘黑如墨，往往於檣端見神燈
示祐，舟必無恙。〔註83〕

《臺灣志略》中將媽祖的來歷敘述地很清楚。父親為林愿，母親為王氏，為
五代時人，媽祖年幼之時即得道典秘法，常顯神異救人。去世後，屢次顯靈
救助世人。自宋至清，有許多封號加增。海上人家往往虔誠供奉，相傳在海
上若有危難，大聲呼喊媽祖名號，往往在風雨的夜晚，會出現神燈表示保佑，
而船也往往平安無事。

　　光緒時完成的《臺陽見聞錄》有記載北港天后廟每隔幾年就會來拜府城
媽祖的事，如下：

北港有天后廟，間數年，必請神像來拜郡城天后。屆時香火之盛，
日數千人。按天后，湄洲人。海舟遇風，呼籲天后，見紅燈來則生。

〔註84〕

媽祖來府城遶境之時，就是府城的媽祖慶典開始大辦之時，香火鼎盛，人潮
擁擠，可謂之盛會。

〔註83〕李元春：《臺灣志略‧勝蹟》，臺灣文獻叢刊，第一八種，卷一，頁45。
〔註84〕唐贊袞：《臺陽見聞錄‧臺陽見聞錄卷下‧廟宇（城池附）‧天后廟》，臺灣文
　　　獻叢刊，第三○種，頁132。

《安平縣雜記》有紀錄媽祖聖誕之時的盛況：

> （三月）二十三日，天上聖母誕。上而嘉義，下而鳳、恆以及內山
> 屯番，或夫婦偕來，扶老攜幼，自二月初旬起，絡續到廟叩祝，鑼
> 鼓笙絃，不絕於道。總在神誕前，昭其誠敬。〔註85〕

3月23日是媽祖壽誕。北自嘉義，南到鳳山、恆春、內山的原住民、有扶老
攜幼，從2月上旬開始，就陸陸續續到府城天后宮來叩祝，此時路途上鑼鼓
生絃的樂聲，沒有斷絕過，這些都是在媽祖壽誕之前就必須完成，以表示自
己的誠敬。

《安平縣雜記・風俗現況》又有書寫府城與北港媽祖進香往來的盛況，
如下：

> 三月，北港進香，市街里保民人沿途往來數萬人，日夜絡繹不絕，
> 各持一小旗，掛一小燈（燈旗各寫「天上聖母、北港進香」八字）。
> 迨三月十四日，北港媽來郡乞火，鄉莊民人隨行者數萬人。入城，
> 市街民人款留三天。其北港媽駐大媽祖宮，爲闔郡民進香。至十五、
> 十六日出廟繞境，沿途回港護送者蜂擁，隨行者亦同返。此係俗例，
> 一年一次也。〔註86〕

三月的時候，臺南人會到北港天后宮燒香拜拜，日夜不停，沿途往來有數萬
人之多，常常會拿一個小旗子、一個小燈籠，上面各寫著「天上聖母、北港
進香」八個字。

到了3月14日，北港媽會到府城大天后宮，隨行的人亦有數萬人之多。
府城的人會款待這些香客三天。15、16日時，北港天后宮會出廟遶境，沿途
隨行的人蜂擁，相當熱鬧。

同治時期來臺的王凱泰（1823～1875）有《臺灣雜詠續詠》，其中有提到
媽祖的信仰：

> 大海神燈半隱明（海舟遇風，呼籲天后；見紅燈來，則額手相慶），
> 香花供奉最虔誠；湄洲（天后，湄洲人）靈跡原無二，北港如何拜
> 郡城（北港有天后廟，間數年必請神像來拜郡城天后。屆時香火之
> 盛，日數千人。鄉愚無知，可發一笑）。〔註87〕

〔註85〕《安平縣雜記・節令》，臺灣文獻叢刊，第五二種，頁3。
〔註86〕《安平縣雜記・風俗現況》，臺灣文獻叢刊，第五二種，頁14。
〔註87〕王凱泰：《臺灣雜詠合刻・臺灣雜詠合刻・續詠十二首（原註）》，臺灣文獻叢
刊，第二八種，頁49。

「大海神燈半隱明，香花供奉最虔誠」二句書寫海上遇風時可以呼喊媽祖相
救，若有看到神燈出現，就代表平安無事，因此臺民以香花供奉，以示誠敬。
「湄洲靈跡原無二，北港如何拜郡城」二句則是針對北港媽祖來拜郡城媽祖
的情況有所批判：兩個不是同出一源嗎？如何拜自己呢？

梁啓超（1873～1929）有〈臺灣竹枝詞〉十首，其中有提及媽祖：

其五

> 郎槌大鼓妾打鑼，稽首天西媽祖婆。今生夠受相思苦，乞取他生無
> 折磨。（臺人最迷信所謂天上聖母者，亦稱爲媽祖婆，謂其神來自福
> 建，每歲三月，迎賽若狂）〔註88〕

「郎槌大鼓妾打鑼，稽首天西媽祖婆」二句書寫臺人信仰媽祖相當虔敬，因
而事事要向祂祝禱。臺灣每年 3 月的時候，迎神拜神已達瘋狂的程度。

日治時期（1915 年）因爲發生「糖郊媽事件」，所以，北港媽不再到府城
遶境，改由大天后宮新塑的「鎮南媽」遶境：

> 北港媽到府城來進香的情況，在日治時期（1915 年）因爲發生「糖
> 郊媽事件」，而有所改變。按往例應是「北港三媽」南下遶境，但是
> 那年是由位階較低「糖郊媽」前來，這件事引起大天后宮的不滿，
> 事後臺南商紳委託粧佛業老字號西佛國雕塑「北港三媽」神像，即
> 爲現在大天后宮的「鎮南媽」。〔註89〕

> 此事導致北港媽不再南下，改由大天后宮新塑的「鎮南媽」在府城
> 遶境。〔註90〕

> 糖郊媽事件之後，「府城迎媽祖」變成指大天后宮鎮南媽的遶境，而
> 在這之前大天后宮本身的媽祖並未外出遶境，只有舉辦春秋祀典。
> 〔註91〕

日治中期，府城迎媽祖規模最大的一次是大正十五年（1926 年）配合臺南運
河開通典禮而進行的媽祖遶境：

> 日治中期府城迎媽祖的盛況，可見於《臺灣日日新報》等報紙的報

〔註88〕梁啓超：〈臺灣竹枝詞〉，《全臺詩》，第 27 冊，頁 22。
〔註89〕蔡相煇：〈北港朝天宮與臺南大天后宮的分合〉，《臺灣文獻》。2000-12-31，第
　　　 51 卷（第 4 期），頁 153。
〔註90〕張耘書：《臺南媽祖信仰研究》，臺南市政府文化局，2013 年，頁 75。
〔註91〕張耘書：《臺南媽祖信仰研究》，臺南市政府文化局，2013 年，頁 75。

導之中，其中規模最大的一次是大正十五年（1926 年）配合臺南運
河開通典禮而進行的媽祖遶境。〔註92〕

當時除了動員全臺南市的廟宇與工商團體之外，各町派出所也共襄
盛舉，而由於「迎媽祖」的聲勢過大，壓過了運河的開通典禮，甚
至有「臺南媽祖開運河」的俗諺出現。然而到了昭和十二年（1937
年）舉行府城迎媽祖後，由於同年盧溝橋事件的爆發，爲防止民眾
藉此活動凝聚民族意識，迎媽祖的活動遂遭到禁止，該年的活動成
了日治時期最後一次。〔註93〕

蔡佩香（1867～1925）在 1925 年所寫〈媽祖賽會竹枝詞〉十首，就是在臺南
府城的迎媽祖活動，分述如下：

其一

頒來盛典兩春秋，陳列華筵肅禮修。終獻祭餘方撤饌，神靈降在鎮
南州。（作者註：「天后宮媽祖曰鎮南媽。」）〔註94〕

此詩書寫大天后宮請鎮南媽祖降下，開始在臺南遶境的行程。由「天后宮媽
祖曰鎮南媽」之註解，可以得知作者所書寫的媽祖爲臺南大天后宮的媽祖。

大天后宮位於臺灣臺南市，爲主祀媽祖的廟宇，此外也是中華民國
國定古蹟該廟宇，原址本爲明朝寧靖王朱術桂所居住的寧靖王府
邸，後來在寧靖王捨宅之後轉變成媽祖廟。〔註95〕

其二

沿街奉獻露無聲，不夜燈光繞赤城。燦爛旌旗旗葉下，照來人影漫
天明。（作者註：「提燈行列。」）〔註96〕

此詩乃在書寫夜晚時提燈進行遶境的人潮將府城粧點成燈火通明的不夜之
城。

〔註92〕張耘書：《臺南媽祖信仰研究》，臺南市政府文化局，2013 年，頁 77。

〔註93〕張耘書：《臺南媽祖信仰研究》，臺南市政府文化局，2013 年，頁 77。

〔註94〕蔡佩香：〈媽祖賽會竹枝詞〉，《全臺詩——智慧型全臺詩知識庫》，上網日期：
20141102，網址：http://xdcm.nmtl.gov.tw/twp/b/b02.htm。此詩收於《臺南新報》，
「詩壇」欄，1925 年 4 月 14 日，第五版。

〔註95〕張耘書：《臺南媽祖信仰研究》，臺南市政府文化局，2013 年，頁 65。

〔註96〕蔡佩香：〈媽祖賽會竹枝詞〉，《全臺詩——智慧型全臺詩知識庫》，上網日期：
20141102，網址：http://xdcm.nmtl.gov.tw/twp/b/b02.htm。此詩收於《臺南新報》，
「詩壇」欄，1925 年 4 月 14 日，第五版。

其三

事務繁忙鬧一場，團圓午飯暢浮觴。鹹甜兼味償辛苦，醉眼饞看飽
進香。(作者註：「題賽會事務室。」)〔註97〕

在酬神祭祀的負責單位中，大家忙得一塌糊塗，在團圓午飯中，得以飽餐一
頓，配合著香煙繚繞的情況，餐點都有濃厚的檀香味。

其四

號炮一聲報起程，香煙靄靄笑歡迎。神輿繞出宮牆外，隨駕爭先步
輦行。(作者註：「媽祖出廟，隨駕燦行。」)〔註98〕

在炮竹聲響，媽祖遶境開始啟程，信眾們在香煙瀰漫的同時歡迎著媽祖出巡。
神轎出去宮門時，信眾們爭先地跟隨在旁。

其五

二偶將軍伴駕前(作者註：「千里眼、順風耳。」)，高行闊步聳齊肩。
幾曾眼耳隨風過，明澈崎嶇路八千。〔註99〕

千里眼、順風耳的神尊伴在神轎旁邊，高行闊步，聳肩齊行。將八千路途的
路況打探的一清二楚。

其六

三叉路上鬧春風，賽會旗翻夕照紅。只恐春光容易過，一齊寫照畫
圖中。(作者註：「赴會寫真。」)〔註100〕

此詩書寫媽祖遶境時的景況，在三叉路口有著酬神的紅旗在夕照之中翻紅。
為了怕這個景像容易忘記，大家就一起拍照留念。

〔註97〕蔡佩香：〈媽祖賽會竹枝詞〉，《全臺詩──智慧型全臺詩知識庫》，上網日期：
20141102，網址：http://xdcm.nmtl.gov.tw/twp/b/b02.htm。此詩收於《臺南新報》，
「詩壇」欄，1925 年 4 月 14 日，第五版。

〔註98〕蔡佩香：〈媽祖賽會竹枝詞〉，《全臺詩──智慧型全臺詩知識庫》，上網日期：
20141102，網址：http://xdcm.nmtl.gov.tw/twp/b/b02.htm。此詩收於《臺南新報》，
「詩壇」欄，1925 年 4 月 14 日，第五版。

〔註99〕蔡佩香：〈媽祖賽會竹枝詞〉，《全臺詩──智慧型全臺詩知識庫》，上網日期：
20141102，網址：http://xdcm.nmtl.gov.tw/twp/b/b02.htm。此詩收於《臺南新報》，
「詩壇」欄，1925 年 4 月 14 日，第五版。

〔註100〕蔡佩香：〈媽祖賽會竹枝詞〉，《全臺詩──智慧型全臺詩知識庫》，上網日期：
20141102，網址：http://xdcm.nmtl.gov.tw/twp/b/b02.htm。此詩收於《臺南新
報》，「詩壇」欄，1925 年 4 月 14 日，第五版。

其七

南華女樂步三叉，鶯囀初回日色斜。借重西鄰嬌姊妹，衣衫勞汝送
伊家。（作者註：「南華娼寮女樂隊。」）〔註101〕

府城中有妓女會組隊參加媽祖遶境的盛會，在太陽西沉的時候還傳來她們的
歌聲。她們彼此都會互相照應、請同伴將衣服送到別人那裡。

其八

爭奇鬥豔變輕妝，翠袖紅裙列道旁。博得定評高中選，誇來詩意紫
雲娘。（作者註：「評選藝棚。紫雲，藝妓名。」）〔註102〕

此詩書寫妓女趁著這個盛會時，也會互相比賽，看誰最為「詩意」，而有高雅
的名聲相伴。

連橫在《雅言》中有提及迎神時，各個青樓致力於賽神，以博得名聲的
記錄，如下：

> 迎賽之時，輒裝「臺閣」，謂之「詩意」；而多取小說牛鬼蛇神，見
> 之可晒。夫「臺閣」既曰「詩意」，則當采詩之意、附畫之情、表美
> 之術，以成其高尚麗都之致，而後足以盡其能事。唐人絕句之可為
> 「詩意」者甚多。如「沉香亭畔」、「銅雀春深」，活色生香，風流綺
> 絕；而「豆蔻梢頭」、「珠簾盡捲」，尤足以現其盈盈嫋嫋之態。前年
> 稻江迎賽，江山樓主人囑裝一閣，為取小杜「秦淮夜泊」之詩。閣
> 上以綢造一遠山，山下為江，一舟泊於柳下。舟中人紗帽藍衫，狀
> 極瀟洒，即樊川也；旁立小奚。樓中麗人手抱琵琶，且彈且唱。遠
> 山之畔，以電燈飾月；影落水上，夜色宛然。而樓頗書「江山樓」
> 三字，一見知為酒家。是於詩意之中，復寓廣告之意，方不虛耗金
> 錢。先是，余居臺南，見迎天后裝閣極多，毫無意匠，乃向當事者
> 言。翌年，綢緞商錦榮發號石秀峰氏請余設計，為裝「天孫織錦」，
> 以示綢緞商之意。博望船頭，又置支磯石一方，主人之姓也。閣上
> 器物悉以綢緞造成，復以探照燈為月；月旁七星，以七色電燈為之：

〔註101〕蔡佩香：〈媽祖賽會竹枝詞〉，《全臺詩——智慧型全臺詩知識庫》，上網日期：
　　　　20141102，網址：http://xdcm.nmtl.gov.tw/twp/b/b02.htm。此詩收於《臺南新
　　　　報》，「詩壇」欄，1925 年 4 月 14 日，第五版。
〔註102〕蔡佩香：〈媽祖賽會竹枝詞〉，《全臺詩——智慧型全臺詩知識庫》，上網日期：
　　　　20141102，網址：http://xdcm.nmtl.gov.tw/twp/b/b02.htm。此詩收於《臺南新
　　　　報》，「詩壇」欄，1925 年 4 月 14 日，第五版。

光輝閃爍，狀極美麗。觀者數萬人，莫不稱讚，而「詩意」之能事
畢矣。〔註103〕

由連橫的「夫「臺閣」既曰「詩意」，則當采詩之意、附畫之情、表美之術，
以成其高尚麗都之致，而後足以盡其能事」，可以得知：當時之人將此事視為
風雅之事，詩人也是如此，所以才會幫助商人石秀峰，使他在賽神會上因為
「詩意」而出盡鋒頭。

其九

高踏輕枝國馬蹄，登雲有路帶香泥。身輕混入同飛燕，搖曳徐行過
短堤。（作者註：「三山團。登雲堂踏蹺。」）〔註104〕

此詩書寫三山團踩高蹺，參加遶境的盛況。猶如登雲，身輕如燕、搖曳生姿、
徐行而過，相當吸引眾人目光。

其十

儀從過去又輕騎，香燭迎神敞繡幃。最是□頭人背後，當門紅影見
迷離。（作者註：「沿街排香案，祈求平安。」）〔註105〕

此詩書寫車輿遶境時，可以看到沿街的住戶個個香案排列，焚香燒燭，以祈
求來年平安之意。

（三）清水祖師

四鯤鯓龍山寺，俗稱四鯤鯓祖師廟，為一座主奉清水祖師的廟宇。在臺
南市南區鯤鯓路上，根據《全臺開基清水祖師——臺南四鯤鯓龍山寺簡介》，
「明鄭永曆19年（西元1665年），隨鄭延平王來臺的泉州府安溪縣軍民，自
安溪清水巖迎來清水祖師神像、自安溪泰山巖迎來顯應祖師神像；漳州府平
和縣移民自三平寺迎來「三平祖師」神像」〔註106〕，因為庇佑軍民，所以在
此地香火興盛。

〔註103〕連橫：《雅言·雅言》，臺灣文獻叢刊，第一六六種，頁105。
〔註104〕蔡佩香：〈媽祖賽會竹枝詞〉，《全臺詩——智慧型全臺詩知識庫》，上網日期：
20141102，網址：http://xdcm.nmtl.gov.tw/twp/b/b02.htm。此詩收於《臺南新
報》，「詩壇」欄，1925年4月14日，第五版。
〔註105〕蔡佩香：〈媽祖賽會竹枝詞〉，《全臺詩——智慧型全臺詩知識庫》，上網日期：
20141102，網址：http://xdcm.nmtl.gov.tw/twp/b/b02.htm。此詩收於《臺南新
報》，「詩壇」欄，1925年4月14日，第五版。
〔註106〕《全臺開基清水祖師——臺南四鯤鯓龍山寺簡介》，筆者20150203取得於臺
南四鯤鯓龍山寺。

道光、咸豐年間的陳維英（1811～1869）有〈清水祖師〉之聯句，如下：

清風明月好參禪心眞似水

祖仁本義堪濟世德可爲師〔註107〕

此聯句上聯和下聯頭尾形成「清水祖師」的聖號名諱。上聯「清風明月好參禪心眞似水」歌頌清水祖師猶如清風明月一般高潔，喜歡參禪，且心境眞實如水。下聯「祖仁本義堪濟世德可爲師」乃在稱讚清水祖師本著仁義，行救世濟世之舉，其德業亦足以爲人師表，值得後人學習、瞻仰。

（四）保生大帝

保生大帝，又稱大道公，在荷蘭人據臺時期，即有廟宇，可見信仰之盛由來已久。康熙年間纂輯的《臺灣縣志·廣儲東里》有記載：

大道公廟，紅毛時建。〔註108〕

「紅毛時建」可知：荷治時期廣儲東里已有保生大帝的廟宇。廣儲東里，是台灣南部自清治時期至日治初期的一個行政區劃，其範圍包括今台南市的新化區中部及永康區東北部一小塊地區。〔註109〕《臺灣縣志》中有保生大帝的記載：

開山宮，祀吳眞人。一在新街，曰開山宮。一在北線尾，曰大道公廟。

眞人吳姓，名本，生於太平興國四年，不茹葷、受室。業醫，以活人爲心，按病投藥，遠近皆以爲神。景祐二年卒，里人肖像事之，祈禱輒應。適部使者以廟額爲請，敕爲「慈濟」。慶元間，敕爲「忠顯」。開禧二年，封爲「英惠侯」。自是，廟宇遍於漳、泉之間，臺人多建廟祀之。或稱大道公廟、或稱眞君廟、或稱開山宮，名異而實則同也。〔註110〕

〔註107〕陳維英：〈清水祖師聯句〉，《全臺詩——智慧型全臺詩知識庫》，上網日期：20141102，網址：http://xdcm.nmtl.gov.tw/twp/b/b02.htm。收於陳鐵厚編輯之《太古巢聯集》。

〔註108〕陳文達：《臺灣縣志·雜記志九·寺廟·在廣儲東里》，臺灣文獻叢刊，第一〇三種，頁213。

〔註109〕〈廣停東里〉，上網日期：20150313，網址：http://zh.wikipedia.org/wiki/%E5%BB%A3%E5%84%B2%E6%9D%B1%E9%87%8C。

〔註110〕陳文達：《臺灣縣志·雜記志九·寺廟·在西定坊》，臺灣文獻叢刊，第一〇三種，頁208～209。

吳眞人，相傳生於宋朝太平興國 4 年，一生茹素，沒有成家，並行醫救人，當時不論遠近，皆以他爲神。徠來衪的廟宇遍於漳、泉之間，而從漳、泉來臺的漢人多建廟祀之，也稱「大道公廟」、「眞君廟」、「開山宮」。

相傳保生大帝曾經受到西王母傳授神奇的醫方、及驅魔逐邪的工夫：

> 留傳最廣的傳說就指出他十七歲時，有一天在海邊賞月，突然出現了一位神仙，由天而降，帶他駕著祥雲前往崑崙山，拜見西王母，西王母見他聰穎過人，懷有一顆濟世之心，因此就傳以神方濟世和驅魔逐邪的工夫，並贈送他一本珍貴的醫書。他返家後潛心修習醫術，幾年後，他便外出遊歷名川、大山；印証所學醫術，所以能有妙手回春之醫術。〔註111〕

從以上的傳說之中，可以得知保生大帝醫術及神威的傳說深植人心。

《重修臺灣縣志》亦有相關記載：

> 吳眞人廟　在西定坊新街（神名本同安縣白礁人，母夢吞白龜而娠。生於宋太平興國四年，不茹葷，不受室，精岐黃術，以藥方濟人，廉恕不苟取。景祐二年卒，里人祠之，有禱輒應。部使者請廟額，敕賜「慈濟」。慶元間復敕爲「忠顯」。開禧二年，封英惠侯）。僞時建。乾隆五年，候選州同知王紹堂倡修。
>
> 按眞人廟宇，漳泉間所在多有，荷蘭踞臺，與漳泉人貿易時，已建廟廣儲東里矣。嗣是鄭氏及諸將士皆漳泉人，故廟祀眞人甚盛。或稱保生大帝廟，或稱大道公廟，或稱眞君廟，或稱開山宮，通志作慈濟宮，皆是也。舊志所載，除廣儲東里外，其在西定坊者，尚有北線尾廟。其在鎮北坊者二：觀音亭邊，僞時建；水仔尾，康熙三十五年建。在永康里者一，石頭坑。在武定里者一，廟後古榕，蔭可數畝。在歸仁北里者一，舊社口，僞時建。在文賢里一圖者三：山頭社、大甲社、月眉池。在文賢里二圖者一。俱里眾所建。在大目降莊者一，僞時建。又府志載，在安平鎮者三；在澎湖者一，奎壁嶼。〔註112〕

〔註111〕〈保生大帝〉，上網日期：20150313，網址：http://library.taiwanschoolnet.org/gsh2007/gsh5007/chinese/2-1.htm。

〔註112〕王必昌：《重修臺灣縣志‧祠宇志‧廟‧吳眞人廟》，臺灣文獻叢刊，第一一三種，卷六，頁 179～180。

由「里人祠之，有禱輒應。部使者請廟額，敕賜『慈濟』，慶元間復敕爲『忠顯』，開禧二年，封『英惠侯』」可知：保生大帝的神蹟顯現，使得朝廷不斷頒布封號及爵位。在生具有功績，成神後顯聖救世，而受歷朝皇帝敕封的僅有保生大帝。

《重修福建臺灣府志》及《福建通志臺灣府》中，提及保生大帝相當多，表示臺人信仰甚爲虔誠：

> 慈濟宮：即吳眞人廟。在縣署前大街。一在鳳山上莊。一在硫磺水莊。一在半屏山後。一在維新里竹仔港。一在觀音山大社。〔註113〕
> 吳眞人廟在西定坊新街（神本同安白礁人，荷蘭踞臺，與漳、泉人貿易，時已建廟廣儲東里）。一在澎湖奎璧嶼。〔註114〕

保生大帝的廟宇供奉的神明就是吳眞人。臺人相當信仰保生大帝，祂的廟叫做慈濟宮，由同安白礁而來，在臺南及鳳山、竹仔港都有祂的廟宇。

《臺灣志略》亦有吳眞人的相關記錄：

> 吳眞人廟，在西定坊新街。僞鄭時建，乾隆五年里人王紹堂倡修，六十年武舉張文雅等鳩眾重修。神名本，同安白礁人。母夢吞白龜而娠，生於宋太平興國四年，不茹葷、不受室，精岐黃術，以藥方濟人，廉恕不苟取。景祐二年卒。里人祀之，有禱輒應。部使者請廟額，敕賜「慈濟」。慶元間，復敕爲「忠顯」。開禧二年，封英惠侯。按眞人廟宇，漳、泉間所在多有。荷蘭踞臺，與漳、泉人貿易時，已建廟廣儲東里矣。嗣是鄭氏及諸將士皆漳、泉人，故廟祀眞人甚盛；或稱保生大帝廟，或稱大道公廟，或稱眞君廟，或稱開山宮，通志作慈濟宮，皆是也。舊志所載，除廣儲東里外，其在東定坊，尚有北線尾廟。其在鎮北者二：觀音亭邊，僞鄭時建；水仔尾，康熙三十五年建。在永康里者一，石頭坑；武定里者一，廟後古榕陰可數畝；在歸仁北里者一，舊社口僞鄭時建；在文賢里一圖者三，山頭社、大甲社、月眉池；在文賢里二圖者一；俱里眾所建。在大目降莊者一，僞鄭時建。又府志載，在安平鎮者三。〔註115〕

〔註113〕劉良璧：《重修福建臺灣府志・典禮（祠祀附）・祠祀（附）・鳳山縣》，臺灣文獻叢刊，第七四種，卷九，頁311。

〔註114〕《福建通志臺灣府・壇廟：錄自重纂福建通志卷二十八・臺灣縣》，臺灣文獻叢刊，第八四種，卷二十八，頁116。

〔註115〕李元春：《臺灣志略・勝蹟》，臺灣文獻叢刊，第一八種，卷一，頁46～47。

保生大帝為宋朝同安白礁人，不吃葷、沒有成家，精通醫術，常用藥方救人。去世之後，常有顯靈救世事跡。所以鄉里的人為祂立祀。漳州、泉州之中，有許多吳真人的廟宇。明鄭時期，鄭成功及其軍隊多是漳、泉之間的人，所以吳真人的廟宇也就相當多。

《臺游日記》也有記述臺灣的吳真人廟最多之語：

> 曰吳真人者，以神醫祀也（按此廟最多，臺灣十二，它縣亦非一所。真人名本，泉之同安人，生宋太平興國四年，醫術如神，景祐二年卒，里人祀之。部使者以廟額為請，□為慈濟；慶元間□為忠顯；開禧二年封吳惠侯。臺多漳、泉人，故祀事獨盛。或曰慈濟宮，或曰保生大帝廟，或稱真君，或稱大道公，或曰開山宮）。〔註116〕

由此可知，光緒年間，臺灣縣有十二間保生大帝的廟，其數量是所有神當中的第一名。保生大帝以醫術著稱，受其恩惠的信徒對祂相當崇敬。

日治時期《臺灣私法人事編》亦有記載保生大帝：

> 開仙宮祀吳真君，所在皆有之；或稱開山宮，或稱大道公廟，或稱保生大帝廟，或稱慈濟宮，或稱真君廟，皆斯神也。真君母夢吞白龜，生於太平興國四年，長而學道，治疾有奇效。景祐二年卒，里人肖像為祠，水旱祈禱輒應。〔註117〕

由「水旱祈禱輒應」之句，可知在受到水災、旱災所苦的民眾，向保生大帝祈求，往往也會得到解決，因此各在都有保生大帝廟。

《安平縣雜記》有保生大帝壽誕時，臺南城為之祝壽的紀錄：

> （三月）十五日，保生大帝誕。闔城內外及里堡婦女均到廟叩祝。
> 數日前焚香燒紙絡繹不絕。〔註118〕

三月十五日是保生大帝的壽誕，全城的婦女都會到保生大帝廟叩頭祝賀，在數日前就有焚香燒紙的人潮絡繹不絕地出現，相當興盛。

臺南學甲的慈濟宮為臺灣保生大帝開基廟，地址為南市學甲鎮濟生路170號。祭祝的主神為保生大帝，俗稱大道公、吳真人，相傳此處的神像是八百多年前宋代雕塑的開基古祖神像。

〔註116〕蔣師轍：《臺游日記‧臺游日記卷三‧光緒十八年六月》，臺灣文獻叢刊，第六種，卷三，頁80。

〔註117〕《臺灣私法人事編‧第三款　宗教‧第一　宗教之法規‧（三）壇廟祠‧二　祠典外者》，臺灣文獻叢刊，第一一七種，頁220。

〔註118〕《安平縣雜記‧節令》，臺灣文獻叢刊，第五二種，頁3。

　　鄭成功入臺之時，福建沿海隨之而來的人帶著家鄉中的信仰保生大帝的神像，祈求能護佑軍民，平安抵達，果然安然抵達，所以感激之下，在學甲建立了保生大帝廟：

> 明永曆十五年（西元 1661）民族英雄鄭成功率軍複台時，福建沿海居民紛紛隨軍而來，部分忠貞軍來自白礁村，鑒於沿途險惡恐生意外，遂由李姓信徒奉請家鄉慈濟宮的保生二大帝與謝府元帥和中壇元帥等三尊神像，隨行護航來台，果然神威顯赫、護佑軍民安然抵臺灣，並由鄭軍運糧官陳一桂（鄭成功之姑丈）兼督領眷船、民船等於三月十一日一齊登陸學甲西方四公里處的將軍溪畔之頭前寮，（該地因當時無荷蘭駐軍的安全地區，因前鋒隊登陸後建寮駐紮而得名）來台先民後居聚於學甲及四周，墾荒開墾，並建簡屋奉祀保生二大帝等三尊神像。〔註 119〕

學甲慈濟宮的保生大帝為學甲人的守護神，居民幾乎事事都向其請益，請求祂能指點迷津：

> 該宮主神保生大帝為學甲人的守護神。老一輩的老翁、老嫗稱呼為「大道公」，年輕人及小孩均稱為「大道公祖」，該鎮及鄰近地區民眾不但對該宮之藥簽深具信心，凡嫁娶、起基動土、喬遷、生產作業乃至創業運途如何，樣樣疑難也請求大道公指示迷津，且紛傳靈驗異常。〔註 120〕

西元 1978 年學甲慈濟宮在當年鄭成功將士登陸地頭前寮將軍溪畔建「鄭王軍民登陸暨上白礁謁祖紀念碑」，當時的台南縣長楊寶發、臺灣省文獻委員會主任委員林衡道、臺灣史跡研究會中心主任黃宇元、慈濟宮董事長鄭帝分別於四面題字，楊寶發與鄭帝並撰有碑記。楊寶發所撰題碑文為：

> 明末，中原板蕩，永曆十五年（1661 年）民族英雄鄭成功複台之後，部分忠貞軍民在學甲頭前寮溪畔登陸，並迎請宋代恭雕之保生大帝開基神像，在學甲建廟（慈濟宮）奉祀。保生大帝姓吳名本，宋太平興國四年三月十五日誕生于福建同安白礁，博通群籍，曾任禦史，尤擅岐黃，救民無數，景祐三年五月初二升天。官民感其德而塑像

〔註 119〕蔡榮錠：〈台灣學甲慈濟宮上白礁祭典見聞〉，上網日期：20150306，網址：http://www.shenhuwan.net/ZongJiaoXinYang/2012-07/231.htm。

〔註 120〕蔡榮錠：〈台灣學甲慈濟宮上白礁祭典見聞〉，上網日期：20150306，網址：http://www.shenhuwan.net/ZongJiaoXinYang/2012-07/231.htm。

建廟奉祀，因神靈顯赫奉勒「慈濟」廟額，並賜封爲「大道眞人」等號，後又晉封爲「保生大帝」。

學甲慈濟宮奉祀保生大帝，香火鼎盛乃名聞遐邇之來台開基大廟。宮殿建築深具古色古香之歷史文化藝術，並有一代名陶葉王交趾燒。每年農曆三月十一日各地信徒代代相傳聚集神輿及藝陣，齊至頭前寮溪畔舉行（上白礁）謁祖祭典，以遙望大陸白礁慈濟祖廟。追念大陸祖先及先民來台創業之艱辛精神，並祈求國泰民安、子孫興隆，雖經日據時期嚴禁壓迫亦未中斷，充分表現飲水思源之中華民族精神。由此可知臺灣與大陸血緣關係之密切，實可敦風正俗。爲使歷史文獻不致湮滅，爰立碑紀念，以勵來茲。台南縣長楊寶發謹志一中華民國六十七年十二月二十五日。鄭帝所題碑文曰：本宮位於學甲市區中心，主神保生大帝開基神像，乃宋代所恭雕，受人膜拜，迄今已有八百多年。系於明永曆十五年護佑民族英雄鄭成功之部分忠貞軍民，在頭前寮登陸而奠基本宮奉祀。三百餘年來，學甲地方及臺灣各地信徒，爲遙拜福建白礁慈濟宮保生大帝祖廟及追念大陸祖先，代代相傳於每年農曆三月十一日舉行弘揚中華民族精神之「上白礁」謁祖祭典而聞名遐邇。願吾人共同勤勉，使中華民族精神更發揚光大，千秋萬世永垂天壤之間。學甲慈濟宮董事長鄭帝謹志——中華民國六十七年戊午農曆九月二十四日

白柱調朱，三百年來瞻帝闕；礁波泛碧，八千裡外沐神恩〔註121〕

上白礁謁祖祭典爲學甲宮最重要的年度祭典，「上」爲前往的意思，「白礁」指的是福建泉州同安縣白礁祖居地：

> 慈濟宮於學甲奠基後，逐漸擴散形成後來所謂的學甲十三莊，乃組香陣渡海到家鄉慈濟宮上白礁（據考證始於清代）。後因海禁、戰爭等諸種因素，無法再回祖居地，乃以當年平安登陸的三月十一日，前往頭前寮遙祭列祖列宗和大陸白礁慈濟宮祖廟，這項祭典便是所謂的「上白礁」，「上」是「前往」的意思，「白礁」是指福建泉州同安縣白礁鄉祖居地。〔註122〕

〔註121〕 蔡榮錠：〈台灣學甲慈濟宮上白礁祭典見聞〉，上網日期：20150306，網址：http://www.shenhuwan.net/ZongJiaoXinYang/2012-07/231.htm。

〔註122〕 〈學甲上白礁尋根謁祖〉，《臺南生活美學館》，上網日期：20150312，網址：http://old.tncsec.gov.tw/b_native/index_view.php?act=home&c03=42&a01=0303

此祭典為西南五大香科之一，在每年的 3 月 11 日舉行遙祭福建白礁慈濟祖廟的儀式：

> 上白礁謁祖祭典為學甲慈濟宮最重要的年度祭典，為西南五大香科之一。每年農曆三月十一日舉行，學甲十三莊的信徒于學甲區頭前寮將軍溪畔舉行遙祭中國大陸白礁慈濟祖宮的儀式。在謁祖祭典前與境內十三座廟宇、交陪廟的神轎、陣頭，于學甲區及中洲地區舉行繞境，廟會每四年擴大舉行刈香儀式稱為「學甲香」。此一祭典最早應可追溯至清代雍正、乾隆年間，到了道光年間應已有基本的雛形。謁祖祭典原為鄉鎮區域內的廟會，1977 年左右臺灣興起尋根熱潮，上白礁祭典乃受官方支持，標舉其「飲水思源」的精神，逐步提升規模。2008 年原台南縣政府（現台南市）發告「學甲上白礁暨刈香」為台南縣縣定文化資產。〔註123〕

上白礁祭典主要活動分為祭典和遶境兩部分：

> 上白礁主要活動包括祭典和遶境兩部分，它的流程是：慈濟宮——遶境——頭前寮白礁亭祭典儀式——舉行「請水火」——返廟。參與廟宇、神壇多達七、八十座，隨行藝陣繁多，其中又以孩童扮演的蜈蚣陣為香陣前導聞名於台灣，所到之處皆會吸引人潮。蜈蚣陣是學甲香的最大特色，以歷史故事人物打扮，由後社集和宮負責裝閣，為臺灣西南五大香科中，至今唯一維持由人力扛抬者。遶境香陣大體可分「前鋒陣」、「參與遶境廟宇」、「遶境主神陣」三個部份。學甲慈濟宮除每年固定舉行上白礁謁祖祭典及繞境外，不定期舉行刈香，稱為學甲香（即臺灣西南五大香科之一），光復後漸形成四年舉行一科刈香。每年上白礁路線範圍較小，香陣繞境區域以學甲及中洲兩庄頭為主；如舉行刈香時，三日遶行區域較大，涵蓋「學甲十三庄」，甚至廣及學甲鎮全境鄰近鄉鎮。〔註124〕

在上白礁的祭典中，「參與廟宇、神壇多達七、八十座，隨行藝陣繁多，其中又以孩童扮演的蜈蚣陣為香陣前導聞名於台灣，所到之處皆會吸引人潮。」

&c04=3&num=2289。

〔註123〕蔡榮錠：〈台灣學甲慈濟宮上白礁祭典見聞〉，上網日期：20150306，網址：http://www.shenhuwan.net/ZongJiaoXinYang/2012-07/231.htm。

〔註124〕〈學甲上白礁尋根謁祖〉，《臺南生活美學館》，上網日期：20150312，網址：http://old.tncsec.gov.tw/b_native/index_view.php?act=home&c03=42&a01=0303&c04=3&num=2289。

其熱鬧盛況，可見一斑。

　　道光年間的許廷崙（？～？），亦有〈保生帝〉，書寫了五月時鯤身王來朝拜保生大帝的盛況：

> 保生帝，不醫國，當醫民。功德在民宜爲神。喧騰五月龍舟開，海
> 上王拜帝君來。帝顏微笑送王歸，五色香花夾路飛。霓旌風馬不得
> 見，袂雲汗雨空霏霏【秋雲寒雨空霏霏】。歸來傾篋坐歎息，斗儲忽
> 罄虛朝食。已拋綾錦勞歌喉，又典衣衫換旗色。清時樂事人所爲，
> 澆風靡俗神不知，神不知，降祥降殃天無私。〔註125〕

「保生帝，不醫國，當醫民。功德在民宜爲神」四句乃在稱頌保生大帝功德在民，足以爲神，讓人民崇敬，香火不輟。「喧騰五月龍舟開，海上王拜帝君來。帝顏微笑送王歸，五色香花夾路飛。霓旌風馬不得見，袂雲汗雨空霏霏」六句乃在書寫鯤身王5月進城拜保生大帝之事，儀式相當盛大。「歸來傾篋坐歎息，斗儲忽罄虛朝食。已拋綾錦勞歌喉，又典衣衫換旗色」四句，詩人在慨嘆此類迎送儀式花費相當大。「清時樂事人所爲，澆風靡俗神不知，神不知，降祥降殃天無私」四句乃在表示此類習俗乃人所爲，並非神明主導之意。

圖82　日治時期的寧南門明信片，上網日期：20150713，網址：http://www.
tainanoutlook.com/blog/%E8%87%BA%E5%8D%97%E5%B8%82%E7
%9A%84%E8%80%81%E7%85%A7%E7%89%87。

〔註125〕許廷崙：〈保生帝〉，《全臺詩——智慧型全臺詩知識庫》，上網日期：20141102，
　　　　網址：http://xdcm.nmtl.gov.tw/twp/b/b02.htm。此詩收於徐宗幹《瀛州校士錄》，
　　　　又載連橫《台灣詩乘》、林文龍《臺灣詩錄拾遺》。

圖 83　日治時期臺南府城大南門「寧南門」及甕城舊照，上網日期：20150713，
　　　　網址：http://www.tainanoutlook.com/blog/%E8%87%BA%E5%8D%97
　　　　%E5%B8%82%E7%9A%84%E8%80%81%E7%85%A7%E7%89%87。

圖 84　1925 年 6 月台灣日日新報在圓山球場主辦全島野球爭霸戰，可看出當時
　　　　棒球已經風靡全台（照片來源：日日新報）上網日期：20150713，網址：
　　　　王御風 http://mypaper.pchome.com.tw/w2308955/post/1327133238。

圖 85　1930 年代，臺灣舉辦「全島中等學校野球大會」，參賽隊伍多了臺南二
　　　中、嘉義中學、臺北二師、臺北二中、臺中一中、屏東農業、花蓮港中
　　　學臺北中學校、新竹中學等校。上網日期：20150713，網址：蔣竹山：
　　　〈棒球運動與殖民地臺灣：讀謝仕淵著《國球誕生前記：日治時期臺灣
　　　棒球史》〉，http://journal.ndhu.edu.tw/e_paper/e_paper_c.php?SID=15。

第三節　休閒活動的書寫

　　古典詩中對於臺南地區休閒活動有所描摹，在此分述之。

一、踏青、游春

　　張湄（？～？）乾隆 6 年（1741）任巡臺御史兼理提督學政，有〈蒙面〉
之作描述清領初期臺南地區女子出遊的打扮：

> 香車碧幰厭紛紅【香車碧幰厭紛紅】，手擁蓋微行擬鄂君【擁蓋微行
> 擬鄂君】。一隊新粧相掩映，紅渠葉底避斜曛。〔註126〕

―――――――――――

〔註126〕張湄：〈蒙面〉，《全臺詩——智慧型全臺詩知識庫》，上網日期：20150502，
　　　網址：http://xdcm.nmtl.gov.tw/twp/b/b02.htm。以《柳漁詩鈔》為底本。此詩
　　　又載董天工《臺海見聞錄》。

「香車碧幰厭紛紜，擁蓋微行擬鄂君」二句書寫女子手持小傘遮蔽容顏，輕輕悄悄地行走於路上，猶如古時楚國美男子鄂君外出時的妝扮。「一隊新粧相掩映，紅渠葉底避斜暉」書寫一隊女子在黃昏時盛妝出遊，以傘遮顏，猶如粉紅的荷花在荷葉遮蓋陽光下的美麗動人。此詩將臺南女子出遊形容成街道上一幅亮麗的風景。

《臺陽見聞錄》也有描述女子以小傘遮蔽臉孔的在市集上來往：

> 臺俗婦女多靚粧入市，攜小蓋障面，迤□而行。張鷺洲詩云：「一隊
> 新粧相掩映，紅渠葉底避斜暉」；情態畢肖。〔註127〕

《臺陽見聞錄》成於光緒年間，可知清領後期，臺南地區的女子上街出遊時的妝扮與乾隆時張湄所見一般，沒有改變。

孫霖（？～？），連橫《臺灣詩乘》謂其於乾隆初期來臺灣。其〈赤嵌竹枝詞〉亦有描述臺南地區女子成群出遊的景況：

十首之四

> 二八嬌娃刺繡工，呼孃習慣便成風；新粧一隊斜暉覘，小蓋相攜面
> 半蒙（臺邑婦女工刺繡，誕生之日，即呼爲某孃。其俗：多靚粧入
> 市，攜小蓋障面，迤□而行，無間晴雨。張丈鷺洲詩云：「一隊新粧
> 相掩映，紅渠葉底避斜暉」；情態畢肖）〔註128〕

「二八嬌娃刺繡工，呼孃習慣便成風」二句書寫臺南地區的女子擅長刺繡，而當地都習慣將女子在出兒之時，以「某娘」稱呼。「新粧一隊斜暉覘，小蓋相攜面半蒙」二句也在書寫她們出遊時的妝扮：盛妝、持傘蒙面，在夕陽時結群上街。

朱仕玠（1712～？）有〈尸位學署岑寂無聊泛泛隨流跡近漁父每有聞見輒宣謳詠因名瀛涯漁唱〉，也記錄了臺南女子喜歡踏青的景象：

一百首之九十五

> 常時微步踏苺苔，北舍南鄰鎮往回。水麝薰傳羅袖闊，非關寒食踏
> 青來（臺地婦女，好出遊，人執一傘遮蔽；傘率半開，衣袖約闊二

〔註127〕蔣師轍：《臺陽見聞錄・臺陽見聞錄卷下・衣服・蓋面》，臺灣文獻叢刊，第三〇種，頁142。

〔註128〕孫霖：〈赤嵌竹枝詞〉《續修臺灣府志・藝文（七）・詩（四）・赤嵌竹枝詞　孫霖》，臺灣文獻叢刊，第一二一種，卷二十六，頁980。

三尺。）〔註129〕

「常時微步踏莓苔，北舍南鄰鎮往回」二句書寫臺南地區的女子喜歡在外出遊、踏青，常常在青苔小路上緩步行走，北舍南鄰之間來回走動。「水麝薰傳羅袖闊，非關寒食踏青來」二句紀錄她們出遊時的穿著喜歡手持半開的傘遮面，穿著經過薰香的衣服，衣袖寬寬大大，約二、三尺，而且她們出遊的時間沒有限定在寒食踏青的時節，顯示她們很喜歡出遊、踏青。

　　李如員，乾隆初來臺，有〈臺城竹枝詞〉：

　　　法華寺對竹溪庵，野色晴空一抹藍。多少踏青人去後，五妃墓道日

　　　三三。〔註130〕

　　　蝶夢園荒野菊開，輕□踏遍碎蒼苔。登高都向南關去，帽插山花暮

　　　始回。〔註131〕

此詩記錄在乾隆時期臺南地區的人喜歡在三月三日及九月九日進行的活動。三月三日，他們喜歡到法華寺及竹溪寺、五妃廟等地，在掃墓之後，就有許多人在郊外享受野外藍天晴朗的天色，在那裡郊遊、踏青。九月九日重陽之時，他們喜歡到法華寺周遭登高，那時行走著長著青苔的小路，爬山時頭上帽子插著花，到了黃昏之時才啓程回家。

　　咸豐時期的陳肇興（1831～？）在 1859 年有〈赤嵌竹枝詞〉，其中有描寫女子出遊，以傘半遮面的景況：

其七

　　　新粧幾隊綰雙鴉，小蓋相攜半面遮。絕似芙蓉才出水，一枝葉護一

　　　枝花。〔註132〕

「新粧幾隊綰雙鴉，小蓋相攜半面遮」二句書寫臺南地區女子出遊時的情形：成群結隊，每個人都畫好新的粧容、綁著雙髻，以小傘半遮面的方式。「絕似芙蓉才出水，一枝葉護一枝花」二句形容她們以小傘半遮，如同出水芙蓉一

〔註129〕朱仕玠：《小琉球漫誌・瀛涯漁唱（下）》，臺灣文獻叢刊，第三種，卷五，頁
　　　　50。
〔註130〕李如員：〈臺城竹枝詞〉，《臺灣詩乘》，臺灣文獻叢刊，第六四種，卷二，頁
　　　　87。
〔註131〕李如員：〈臺城竹枝詞〉，《臺灣詩乘》，臺灣文獻叢刊，第六四種，卷二，頁
　　　　87。
〔註132〕陳肇興：〈赤嵌竹枝詞〉，《陶村詩稿・己　未・赤崁竹枝詞》，臺灣文獻叢刊，
　　　　第一四四種，卷四，頁48。

般，一葉護著一枝花的美麗。

丘逢甲（1864～1912）〈臺灣竹枝詞〉提及迎神、送神之時，也是佳人出遊之時：

> 唱罷迎神又送神，港南港北草如茵。誰家馬上佳公子，不看神仙祇
> 看人。〔註133〕

「唱罷迎神又送神，港南港北草如茵」二句書寫臺南地區迎神、送神時，有請人演劇、唱戲的習俗，此時不分港南港北都是綠草如茵的美景。由於這些民俗活動的進行，所以佳人們也會出遊看熱鬧，而有「誰家馬上佳公子，不看神仙祇看人」，戲謔地敘述這些出遊的男子不看廟會活動，轉而欣賞著美麗的佳人。

> 相約明朝好進香，翻新花樣到衣裳。低梳兩鬢花雙插，要鬥時新上
> 海粧。〔註134〕

「相約明朝好進香，翻新花樣到衣裳」二句書寫臺南地區女子們為了出遊進香，在服裝上煞費心思，要穿最時興的衣著。「低梳兩鬢花雙插，要鬥時新上海粧」二句描繪她們出遊的妝容：要低梳雙鬢，兩邊也要插著花，梳化著最時興的上海妝。

謝維巖（1879～1921）有〈城南踏青詞〉三首，書寫著臺南地區二月到城南踏青的情形：

> 一望平蕪草似煙，林花初放野花燃。衣香扇影東風裡，繪出城南二
> 月天。〔註135〕

「一望平蕪草似煙，林花初放野花燃」二句描繪春天城南一片平坦的原野，綠草如煙的迷離、美麗，樹林中的花初開，野花也如火燃燒一般，綻放著一片燦爛。「衣香扇影東風裡，繪出城南二月天」二句寫出臺南地區二月時在城南的踏青風情畫：東風吹拂下，衣香扇影的女子們愉快地踏青。

> 楝子花開午氣清，東風一路馬蹄輕。共來桂子山頭坐，斗酒雙酣聽
> 早鶯。〔註136〕

〔註133〕丘逢甲：〈臺灣竹枝詞〉，《臺灣詩乘》，臺灣文獻叢刊，第六四種，卷五，頁219。

〔註134〕丘逢甲：〈臺灣竹枝詞〉，《臺灣詩乘》，臺灣文獻叢刊，第六四種，卷五，頁219。

〔註135〕謝維巖：〈城南踏青詞〉，《全臺詩》，第30冊，頁469。

〔註136〕謝維巖：〈城南踏青詞〉，《全臺詩》，第30冊，頁469

「楝子花開午氣清，東風一路馬蹄輕」二句書寫臺南地區男子在二月楝子花開午後也會在東風中騎著輕快的馬在城南出遊奔馳。「共來桂子山頭坐，斗酒雙酣聽早鶯」二句說明他們出遊的地點在桂子山，喝著酒、聽著黃鶯的鳥語，欣賞春天的景色。

> 竹溪溪水軟如羅，十里春風漾嫩波。愛此茂林修竹好，花朝前後麗
> 人多。〔註137〕

「竹溪溪水軟如羅，十里春風漾嫩波」二句呈現竹溪春天時的美景，一流清淺如同絲羅一般的柔軟美麗，春風十里吹拂著竹溪，盪漾著細微的漣漪。「愛此茂林修竹好，花朝前後麗人多」二句說明竹溪茂密修長的竹子相當迷人可愛，因此在花朝前後的時節，許多佳人都會到訪此處。

蔡碧吟（1874～1939），號赤崁女史，臺灣縣東安坊人（今臺南市），亦有〈臺陽竹枝詞〉書寫著女子出遊踏青的情形：

> 宜晴宜雨好時光，草粿糖漿製備忙。招得東鄰諸姊妹，踏青齊拜五
> 妃娘。〔註138〕

「宜晴宜雨好時光，草粿糖漿製備忙」二句書寫清明時節春光爛漫，宜晴宜雨，都是佳景。此時家中正在忙著準備掃墓必備的應景食品——草粿、糖漿。「招得東鄰諸姊妹，踏青齊拜五妃娘」二句敘述臺南的佳人春天郊外踏青的景象：成群結隊地到五妃廟拜拜、踏青。

蔡佩香（1867～1925）在1922年有〈清明日踏青詞〉六首，書寫著臺南地區清明時節踏青的景況：

> 陽曆四月五日，即陰曆三月清明日也，是日曇陰乍雨，踏青艱難，
> 余亦隨俗，出郊祭墓。纔到寧門外，被雨阻隔，暫避竹溪寺後，與
> 二三踏青婦談話有感，因此口占踏青詞，為一時之餘興。

其一

> 魁斗山前鬼子名，踏青兒女認前程。有嗣荒塚逢春掃，金紙成灰化
> 蝶輕。〔註139〕

〔註137〕謝維巖：〈城南踏青詞〉，《全臺詩》，第30冊，頁469。

〔註138〕蔡碧吟：〈臺陽竹枝詞〉，《全臺詩——智慧型全臺詩知識庫》，上網日期：
20150502，網址：http://xdcm.nmtl.gov.tw/twp/b/b02.htm。此詩收於彭國棟《廣
臺灣詩乘》，又載盧嘉興〈記前清舉人蔡國琳與女蔡碧吟〉，《臺灣研究彙集》
第六輯，1968年8月25日、《臺南市志·學藝志文學篇》。

〔註139〕蔡佩香：〈清明日踏青詞〉，《全臺詩——智慧型全臺詩知識庫》，上網日期：

詩序表明時間為陽曆四月五日，是陰曆三月清明日。作者隨俗出郊祭墓，遇到天雨，暫避於竹溪寺，巧遇二、三位出外踏青的婦人，而有此作。「魁斗山前鬼子名，踏青兒女認前程」二句指出在臺南地區踏青郊遊的地點就在魁斗山，時色在清明掃墓時。魁斗山自古亦有鬼子山別稱，所以作者提醒踏青的後代子孫可要先認清自己家裡祖墳，別只是記得踏青而已。「有嗣荒塚逢春掃，金紙成灰化蝶輕」二句書寫在踏青時的常見景象：有後人祭掃的墳墓，所燒的金紙化成灰燼時如同蝴蝶一般在空中翻飛。

其二

大南城外落花多，對此香魂可奈何。弔盡賢愚同一穴，傷春愁聽踏
青歌。〔註140〕

「大南城外落花多，對此香魂可奈何」二句乃針對五妃廟而發，藉落花來憐惜美人命運多舛。「弔盡賢愚同一穴，傷春愁聽踏青歌」二句以鬼子山曾為義塚，因此作者對五妃收葬於此，表達感傷。

其三

天涯歲月感新陳，此日尋春復惜春。寄語鵑啼休向耳，歸家我是再
來人。〔註141〕

「天涯歲月感新陳，此日尋春復惜春」二句乃針對又一年春天而感慨時光飛逝，因而來踏青尋找春天的蹤跡，也更加珍惜春天的景物。「語鵑啼休向耳，歸家我是再來人」二句乃針對春天杜鵑啼聲有所抒發，指稱自己已再度返回家鄉，所以請杜鵑鳥不要再啼「不如歸去」了。

20150502，網址：http://xdcm.nmtl.gov.tw/twp/b/b02.htm。此詩收於《聖心會會報》第十五期，1922年3月15日，又載《臺南新報》，「詩壇」欄，1925年4月7日，第五版。

〔註140〕蔡佩香：〈清明日踏青詞〉，《全臺詩──智慧型全臺詩知識庫》，上網日期：20150502，網址：http://xdcm.nmtl.gov.tw/twp/b/b02.htm。此詩收於《聖心會會報》第十五期，1922年3月15日，又載《臺南新報》，「詩壇」欄，1925年4月7日，第五版。

〔註141〕蔡佩香：〈清明日踏青詞〉，《全臺詩──智慧型全臺詩知識庫》，上網日期：20150502，網址：http://xdcm.nmtl.gov.tw/twp/b/b02.htm。此詩收於《聖心會會報》第十五期，1922年3月15日，又載《臺南新報》，「詩壇」欄，1925年4月7日，第五版。

其四

千門萬戶柳垂絲，策馬東郊日未遲。蓮步跡留芳草路，踏青人過不

多時。〔註142〕

「千門萬戶柳垂絲，策馬東郊日未遲」二句書寫臺南地區春天的景象：家家
戶戶都有垂柳，顯得飄逸雅致，而年輕人也會在東郊策馬奔馳，享受春日時
光。「蓮步跡留芳草路，踏青人過不多時」二句書寫女子們也會留下踏青出遊
的足跡。末句則是顯示內心的傷感：一切美好的事物都不長久。

其五

今日何時寒食時，家家柳插兩三枝。明朝節過休輕棄，留取妝臺好

畫眉。〔註143〕

「今日何時寒食時，家家柳插兩三枝」二句記錄臺南地區寒食節時家家戶戶
都會插柳枝。「明朝節過休輕棄，留取妝臺好畫眉」二句表達作者珍惜美好事
物的心意：提醒著人們——寒食過後，可不要輕易丟棄柳枝，或許可以將它
保留下來成為畫眉的工具啊。

其六

連朝淅瀝少停聲，兒女尋春恨未晴。曉霧小南山著雨，清明猶是不

清明。〔註144〕

「連朝淅瀝少停聲，兒女尋春恨未晴」二句記錄1922年的春季掃墓時陰雨綿
綿，使得年輕的少男少女想出遊踏青都受到阻礙。「曉霧小南山著雨，清明猶
是不清明」二句表達因為雨勢不停，使人頓時心煩而有「清明猶是不清明」
抱怨之語。

〔註142〕蔡佩香：〈清明日踏青詞〉，《全臺詩——智慧型全臺詩知識庫》，上網日期：
20150502，網址：http://xdcm.nmtl.gov.tw/twp/b/b02.htm。此詩收於《聖心會
會報》第十五期，1922年3月15日，又載《臺南新報》，「詩壇」欄，1925
年4月7日，第五版。

〔註143〕蔡佩香：〈清明日踏青詞〉，《全臺詩——智慧型全臺詩知識庫》，上網日期：
20150502，網址：http://xdcm.nmtl.gov.tw/twp/b/b02.htm。此詩收於《聖心會
會報》第十五期，1922年3月15日，又載《臺南新報》，「詩壇」欄，1925
年4月7日，第五版。

〔註144〕蔡佩香：〈清明日踏青詞〉，《全臺詩——智慧型全臺詩知識庫》，上網日期：
20150502，網址：http://xdcm.nmtl.gov.tw/twp/b/b02.htm。此詩收於《聖心會
會報》第十五期，1922年3月15日，又載《臺南新報》，「詩壇」欄，1925
年4月7日，第五版。

蔡佩香（1867～1925）1923 年有〈臺南嬉春竹枝詞〉十二首，書寫春節時的活動盛況，舉要如下：

其四

濟濟衣冠一色妍，猜枚飲興坐花氈。主人留客風流甚，爲我司花招寶仙。〔註145〕

「濟濟衣冠一色妍，猜枚飲興坐花氈」二句書寫春節時許多風流雅士招妓相伴的情形，許多妝扮華美的女子與之相伴，飲酒玩樂，相當熱鬧。

其五

大舞臺中元日開，上臺唱到祝春魁。觀資定價分三等，特別高抬金一枚。〔註146〕

此詩書寫臺南地區在日治時期春節時，仍有演劇的熱鬧盛況。此中仍有價位的差別，特別熱門的貴賓席次，價位相當高。

其八

閨婦嬉春唱自由，春花插上作時流。不分老少同嬌態，學盡娼寮眉目修。〔註147〕

此詩書寫臺南地區的女子喜愛時髦妝扮，不分老少都喜愛打扮，甚至以當紅妓女的妝扮做爲自己妝容參考。

其九

新年宴會飲平和，寶美旗亭醉後歌。侑酒有花花解語，美人來自北方多。〔註148〕

〔註145〕蔡佩香：〈臺南嬉春竹枝詞〉，《全臺詩——智慧型全臺詩知識庫》，上網日期：20150502，網址：http://xdcm.nmtl.gov.tw/twp/b/b02.htm。此詩收於《臺南新報》，「詩壇」欄，1923 年 1 月 4 日，第三版。

〔註146〕蔡佩香：〈臺南嬉春竹枝詞〉，《全臺詩——智慧型全臺詩知識庫》，上網日期：20150502，網址：http://xdcm.nmtl.gov.tw/twp/b/b02.htm。此詩收於《臺南新報》，「詩壇」欄，1923 年 1 月 4 日，第三版。

〔註147〕蔡佩香：〈臺南嬉春竹枝詞〉，《全臺詩——智慧型全臺詩知識庫》，上網日期：20150502，網址：http://xdcm.nmtl.gov.tw/twp/b/b02.htm。此詩收於《臺南新報》，「詩壇」欄，1923 年 1 月 4 日，第三版。

〔註148〕蔡佩香：〈臺南嬉春竹枝詞〉，《全臺詩——智慧型全臺詩知識庫》，上網日期：20150502，網址：http://xdcm.nmtl.gov.tw/twp/b/b02.htm。此詩收於《臺南新報》，「詩壇」欄，1923 年 1 月 4 日，第三版。

此詩亦是書寫在臺南地區的新年宴會中，有酒、有來自北方的美人相伴，顯得相當歡樂愜意。

其十

神龍獻瑞是龍燈，際地蟠天節節騰。宛轉弄珠光不夜，禹門輕過足先登。〔註149〕

其十一

燈節元宵鬧不勝，兒童爭買燭光騰。青錢不惜金吾夜，雀躍街頭喜氣蒸。〔註150〕

此二詩皆是記載臺南地區在元宵時的盛況，燈會的炫目、兒童爭買燈籠，使得臺南街道上熱鬧不已，喜氣洋洋。《臺灣通史》亦有元宵節的敘述：

> 元宵之夕，自城市以及鄉里，點燈結彩，大放□火，競演龍燈。士女出游，笙歌達旦。各街多設廟會。而臺南郡治三山國王廟，則開賽花之會，陳列水仙數百盆，評其優劣，亦雅事也。赤崁筆談謂：「元宵，未字之女，偷折人家花枝竹葉，為人詬詈，以為異日必得佳婿」。此風今已無矣。〔註151〕

當天晚上士女出遊，笙歌達旦，街上多有廟會活動、賽花活動，熱鬧非凡。

其十二

崗山巖上好遊春，恰值觀音壽誕辰。燈影爐煙空結霧，不知多少進香人。〔註152〕

此詩書寫在二月初觀音壽誕時，臺南地區的信眾會選擇到崗山巖上向觀音菩薩祝壽，同時也在當地郊遊、踏青。

〔註149〕蔡佩香：〈臺南嬉春竹枝詞〉，《全臺詩——智慧型全臺詩知識庫》，上網日期：20150502，網址：http://xdcm.nmtl.gov.tw/twp/b/b02.htm。此詩收於《臺南新報》，「詩壇」欄，1923 年 1 月 4 日，第三版。

〔註150〕蔡佩香：〈臺南嬉春竹枝詞〉，《全臺詩——智慧型全臺詩知識庫》，上網日期：20150502，網址：http://xdcm.nmtl.gov.tw/twp/b/b02.htm。此詩收於《臺南新報》，「詩壇」欄，1923 年 1 月 4 日，第三版。

〔註151〕連橫：《臺灣通史‧風俗志‧歲時》，臺灣文獻叢刊，第一二八種，卷二十三，頁 598。

〔註152〕蔡佩香：〈臺南嬉春竹枝詞〉，《全臺詩——智慧型全臺詩知識庫》，上網日期：20150502，網址：http://xdcm.nmtl.gov.tw/twp/b/b02.htm。此詩收於《臺南新報》，「詩壇」欄，1923 年 1 月 4 日，第三版。

二、野球

　　時至今日，棒球在臺灣仍受到廣大關注。它在日治時期傳入，由北而南，臺南地區也成立棒球隊及臺南野球協會：

> 棒球運動在台灣的發展已有百餘年歷史，從日治時期（1945 年以前）的殖民主義色彩，到戰後時期（1945 年～1960 年代）的蓬勃發展，再到三級棒球時期（1960 年代～1980 年代）的民族主義狂熱，最後成棒時期（1980 年代～1990 年代）打入國際比賽及職棒時期（1990 年代～現在）邁向多元化階段的歷程，如同一世紀以來台灣社會變遷的縮影！〔註153〕

> 1904 年，臺灣總督府國語學校中學部（今臺北市建國中學）在田中敬一校長支持下購置球棒與手套成立「野球部」，不久國語學校師範部（今國立台北教育大學）也跟進，雙方並於 1906 年 3 月交手，這是台灣第一場棒球賽。隨後提供日本來台職員於夜間進修的東門學校（後為成淵學校）也成立「中學會隊」，台灣最初的棒球，就以這三間學校為主幹而發展，而國語學校中學部與中學會隊的對抗，更吸引許多球迷，開啓了台灣的棒球。……以 1913 至 1914 年之際的臺北為例，已有十餘支棒球隊，包括臺北廳、殖產局、土木隊、法院等棒球隊，使得臺北當時主要棒球場──新公園，擠滿打棒球的人。其他的大都市，如臺南、臺中、阿緱（今屏東）、打狗（今高雄）、嘉義，也開始出現棒球隊，棒球熱正式在全台點燃。為因應棒球的快速發展，各地協會陸續成立，1915 年 1 月，臺北棒球界成立北部野球協會，後南部野球協會、嘉義野球協會、基隆野球協會、臺南野球協會、高雄州野球協會等分別設立。〔註154〕

　　在追求棒球運動勝利的情緒中，參雜著對臺灣自信的榮耀感：

> 棒球有一部分帶著反抗統治階級的色彩。美國的黑人棒球、古巴的社會主義棒球、台灣的抗日棒球，都讓棒球飽含「翻身」的隱喻。

〔註153〕〈台灣棒球史〉，《臺灣棒球維基館》，上網日期：20150710，網址：http://twbsball.dils.tku.edu.tw/wiki/index.php/%E5%8F%B0%E7%81%A3%E6%A3%92%E7%90%83%E5%8F%B2。

〔註154〕王御風：〈【棒球】日治台灣棒球史 1：野球到台灣：棒球運動的開始（1904～1920）〉，上網日期：20150713，網址：http://mypaper.pchome.com.tw/w2308955/post/1327133238。

因而從嘉農、紅葉、金龍的少棒狂潮，到後來的中華隊崇拜，都是由反抗延伸到民族自信的張揚。〔註155〕

日治時期的古典詩中，王則修（1867～1952）〈南門野球〉四首呈現當時臺南地區棒球運動的景況：

其一

寧南門外廣場隈，野戰皮球盡日開。不似唐皇沉醉事，欲追古國大和才。鍊成勁旅循環轉，打去當頭疾走回。得勝歸來同耀武，凱歌聲裡陣雲堆。〔註156〕

「寧南門外廣場隈，野戰皮球盡日開。不似唐皇沉醉事，欲追古國大和才」四句點出當時棒球開打地點在寧南城門外廣場，賽事時間為一整天。棒球運動與唐玄宗喜歡踢球的形式不同，它自日本引進，臺南地區的球隊想要與日本隊的水準並駕齊驅。「鍊成勁旅循環轉，打去當頭疾走回。得勝歸來同耀武，凱歌聲裡陣雲堆」四句書寫棒球選手苦練成實例堅強的隊伍，一個一個順著棒次循環進攻打擊，每當打擊到球時，就迅速奔走踩壘，直至奔回本壘。奔回得分、勝利後，隊伍中的凱旋歌聲可以響徹雲霄。

其二

閒向寧南縱覽遊，野風獵獵角球秋。一槌打去翻身走，雙掌承來反手投。也似攻城爭霸戰，還如競馬逞雄謀。文明尚武仿兒戲，笑殺三郎醉裡休。〔註157〕

「閒向寧南縱覽遊，野風獵獵角球秋」二句點出作者在秋天悠閒的心境下來到寧南廣場遊賞，當時野外風大，棒球比賽正在開打。「一槌打去翻身走，雙掌承來反手投」二句書寫棒球運動選手常見姿勢：打擊手擊球後，翻身快速奔跑；防守的那一方用雙手接球後，迅速反手將球傳回。「也似攻城爭霸戰，還如競馬逞雄謀」二句說明棒球運動的二方爭鬥得分的過程如同進行攻城爭霸的戰爭，也像在賽馬時彼此運用謀略求得勝利。「文明尚武仿兒戲，笑殺三

〔註155〕〈臺灣棒運百年的思索〉，上網日期：20150710，網址：http://blog.roodo.com/baseballwon/archives/5705669.html。

〔註156〕王則修：〈南門野球〉，龔顯宗編，《則修先生詩文集·續篇》，臺南市立圖書館，2005年12月，頁21～22。

〔註157〕王則修：〈南門野球〉，龔顯宗編，《則修先生詩文集·續篇》，臺南市立圖書館，2005年12月，頁21～22。

郎醉裡休」二引用宋朝晁說之（1059～1129〈打球圖〉中的典故「三郎沉醉打球回」之句，〔註158〕認爲若是唐玄宗在場，必定也會沉醉於此。

其三

時世文明尚鬥球，寧南門外野風柔。陣圖製仿周天法，打仗功同測地謀。粒粒子投如擲果，圓圓聲響欲鳴秋。漫嗤遊戲非關戰，一例爭城戰不休。〔註159〕

「時世文明尚鬥球，寧南門外野風柔」二句呈現日治時期臺南地區相當喜愛棒球運動。在寧南城門外野風輕柔地吹拂時，正有棒球賽事如火如荼地進行。「陣圖製仿周天法，打仗功同測地謀」二句書寫棒球運動的攻防如同戰爭一般有著兵法、陣法的謀略。「粒粒子投如擲果，圓圓聲響欲鳴秋」二句寫實地將比賽時常見的景象呈現出來：投手如同擲果般地投球，打擊手球棒擊中球時發出響亮的擊球聲。「漫嗤遊戲非關戰，一例爭城戰不休」二句表達棒球比賽雖然是遊戲，但雙方爭勝時的激烈競爭就像戰爭進行一般激烈呢！

其四

欲仿攻城野戰功，皮球縱擊氣熊熊。大和男子深相似，沉醉唐皇迥不同。任打未開營地固，成群組織陣圖雄。我來遊覽寧南外，恍見扶桑武士風。〔註160〕

「欲仿攻城野戰功，皮球縱擊氣熊熊」二句書寫棒球比賽進行時，打擊攻打時氣勢如虹。「大和男子深相似，沉醉唐皇迥不同」二句呈現日本隊伍進行比賽時每一位隊員訓練有素，素質整齊，與唐玄宗熱愛與楊家姐妹喜愛酒酣擊球爲樂的情形大不相同。「任打未開營地固，成群組織陣圖雄。我來遊覽寧南外，恍見扶桑武士風」四句稱揚日本隊伍陣容組織堅強、防守穩固，使得詩人恍如見到日本武士的沉著風範。

謝汝銓（1871～1953）1930年亦有〈觀野球〉：

〔註158〕〈打球圖〉，上網日期：20150712，網址：http://baike.baidu.com/link?url=rCj_UqRm9YWhABi7RMWVaMwbGgT84dqTzExqRa-EzBwabC9EckhD0KvtHRBjsBqQ4FdT33uC2wLVkSW2Tfg47K。

〔註159〕王則修：〈南門野球〉，龔顯宗編，《則修先生詩文集・續篇》，臺南市立圖書館，2005年12月，頁21～22。

〔註160〕王則修：〈南門野球〉，龔顯宗編，《則修先生詩文集・續篇》，臺南市立圖書館，2005年12月，頁21～22。

　　秋日圓山畔，野球新會盟。襟懷殊磊落，頭角總崢嶸。未肯當仁讓，
　　翻教用力爭。相期摧勁敵，藉以著蜚聲。左右分強翼，後先接短兵。
　　高投神鬱勃，猛襲氣縱橫。匐伏機無失，犧飛勢不驚。生還堅可陷，
　　封殺壘能平。意態疆場壯，功名汗血成。最終輸一點，審判凜規程。
〔註161〕

「秋日圓山畔，野球新會盟」二句點出比賽地點在臺北圓山，可見棒球運動
在臺灣已相當盛行。「襟懷殊磊落，頭角總崢嶸。未肯當仁讓，翻教用力爭」
四句表達許多參賽的隊伍都是拚盡全力贏得勝利。「相期摧勁敵，藉以著蜚
聲」二句書寫各隊都想要藉著勝利來贏得榮譽。「左右分強翼，後先接短兵」
二句顯示防守方的部署：分為左、右外野來護翼疆土，及各壘上安排一人與
敵方近距離攻防。「高投神鬱勃，猛襲氣縱橫」說明投手的重要，足以主宰
全場。「匐伏機無失，犧飛勢不驚」二句呈現了盜壘及高飛犧牲打的情形。「生
還堅可陷，封殺壘能平。意態疆場壯，功名汗血成」四句書寫只要能不判出
局的回到本壘，就是為球隊得分，奠定勝利的基礎。「最終輸一點，審判凜
規程」二句點出最終的勝利掌握在裁判手中，因為他們可以根據規則而有所
裁決。

　　王則修在1936年又有〈野球〉五首，可見棒球在臺南相當火熱：

其一

　　蹴踘翻新樣，橫生野趣飛。一群爭霸戰，兩組鬥神威。選手分南北，
　　軍聲壯鼓旗。當今人尚武，笑殺弱文非。〔註162〕

「蹴踘翻新樣，橫生野趣飛。一群爭霸戰，兩組鬥神威」二句書寫棒球運動
與中國傳統的蹴踘不同，也是別具妙趣。棒球運動進行時有二個隊伍在競爭。
「選手分南北，軍聲壯鼓旗」二句書寫參賽隊伍各代表臺灣南北二地，二方
的士氣旺盛，各自有加油隊伍。「當今人尚武，笑殺弱文非」二句書寫現在尚
武精神可以說是展現在棒球運動上，然而還是有一些文弱之人在批評這種運
動呢。

〔註161〕謝汝銓：〈觀野球〉，《全臺詩——智慧型全臺詩知識庫》，上網日期：20150502，
　　　　網址：http://xdcm.nmtl.gov.tw/twp/b/b02.htm。此詩收於《臺灣日日新報》，「詩
　　　　壇」欄，1930年11月6日，第四版，又載《奎府樓詩草》。
〔註162〕王則修：〈野球〉，龔顯宗編，《則修先生詩文集・下・雜篇・一》，臺南市立
　　　　圖書館，2004年12月，頁390。

其二

　　別自庭球外，翻然樹一旗。死生憑快緩，勝負判從違。擊處風偕送，
　　拋餘日共飛。當今爭霸盛，野球兆先機。〔註163〕

「別自庭球外，翻然樹一旗」二句書寫在棒球比賽時，場邊出現啦啦隊加油
打氣的旗幟。「死生憑快緩，勝負判從違」二句表達棒球運動重視速度及遊戲
規則，只要速度太慢或被裁判判決違規，就容易輸了球賽。「擊處風偕送，拋
餘日共飛」二句呈現球被擊中時，順著風勢，飛得更高更遠；傳球時，速度
之快，恍若太陽也隨著球一同飛騰。「當今爭霸盛，野球兆先機」二句書寫棒
球比賽的重要，作者以為棒球活動可以顯示國力的興衰。

其三

　　野戰球場去，戾然壯鼓旗。兩班爭點數，一擊逞雄威。大會連千組，
　　環觀溢四圍。漫將兒戲視，體育具玄機。〔註164〕

「野戰球場去，戾然壯鼓旗」二句書寫棒球競賽進行時，雙方各有揮旗打鼓
的支持者，使得場子分外熱鬧。「兩班爭點數，一擊逞雄威」二句表示棒球靠
累積打點數來判定何隊勝利。「大會連千組，環觀溢四圍。漫將兒戲視，體育
具玄機」四句呈現參賽隊伍相當多，而觀賞球賽的人也使整個球場爆滿。雖
然這只是一場遊戲，卻也顯示某一些玄機。

其四

　　卻效三郎戲，身心鍛鍊依。郊原拋彈子，天地滾圓機。大眾環觀密，
　　生門滑走飛。果誰強選手，得勝獲優旗。〔註165〕

「卻效三郎戲，身心鍛鍊依」二句書寫棒球運動可與古代唐玄宗打球的遊戲
相類比，同時也具有鍛鍊身心的效果。「郊原拋彈子，天地滾圓機。大眾環觀
密，生門滑走飛」四句書寫在棒球場上的關鍵物就是——棒球。投手投球，
打擊手擊球，大眾仔細觀看球的變化、走向，因為它關係著比賽輸贏。「果誰
強選手，得勝獲優旗」二句表示贏球的那一隊伍就是實力最堅強的，他們將

〔註163〕王則修：〈野球〉，龔顯宗編，《則修先生詩文集・下・雜篇・一》，臺南市立
　　　　圖書館，2004 年 12 月，頁 390。
〔註164〕王則修：〈野球〉，龔顯宗編，《則修先生詩文集・下・雜篇・一》，臺南市立
　　　　圖書館，2004 年 12 月，頁 390。
〔註165〕王則修：〈野球〉，龔顯宗編，《則修先生詩文集・下・雜篇・一》，臺南市立
　　　　圖書館，2004 年 12 月，頁 390。

得到優勝錦旗的榮譽。

其五

> 野戰知何似，觀球悟殺機。兩軍深再接，一擊挺如飛。得勝歸優點，
>
> 輪班赴打圍。列強今尚武，體育未全非。〔註166〕

「野戰知何似，觀球悟殺機」二句點出在觀看棒球比賽，猶如看到一場戰爭，從中可以領悟到殺機存在。「兩軍深再接，一擊挺如飛。得勝歸優點，輪班赴打圍」四句書寫棒球運動進行的情形，兩隊對抗，一隊攻擊，持球棒擊球，任球飛出，球員奔跑踩壘，回到本壘後，即為得分，得分多的那一隊為優勝。一方攻擊遭有效防守而結束後，輪到原本防守的隊伍展開攻擊。「列強今尚武，體育未全非」二句表達作者對棒球的喜愛與支持：作者認為當今各國都重視武力，反應在棒球的體育活動上，也是蠻合時宜。

清領時期，臺南地區的人們喜歡出遊、踏青，其中最吸引人目光就是成群結隊的美麗女子，在古典詩中就有她們盛妝出遊的書寫：「一隊新粧相掩映，紅渠葉底避斜暉」、「新粧一隊斜暉襯，小蓋相攜面半蒙」、「水麝薰傳羅袖闊，非關寒食踏青來」，她們成群、盛妝以小傘遮蓋臉龐的出現，確實是街上最亮麗的風景。

日治時期，在花朝前後、清明之時，都是出遊踏青的好時節：「衣香扇影東風裡，繪出城南二月天」、「愛此茂林修竹好，花朝前後麗人多」、「招得東鄰諸姊妹，踏青齊拜五妃娘」，相同的是她們還是成群精心粧扮後出現，依然是吸引人目光的一群。

日治時期，棒球運動漸受歡迎，臺南地區亦相當熱烈，古典詩人將之紀錄下來：「寧南門外廣場隈，野戰皮球盡日開」、「陣圖製仿周天法，打仗功同測地謀。粒粒子投如擲果，圓圓聲響欲鳴秋」、「右分強翼，後先接短兵。高投神鬱勃，猛襲氣縱橫。匐伏機無失，犧飛勢不驚。生還堅可陷，封殺壘能平」等，皆將棒球活動進行時的氣氛描繪的相當傳神。

近年，臺南在飲食方面成為媒體的寵兒，許多觀光客趨之若鶩：

> 近年來，當台灣人開始正視自己的優點，一股台灣熱興起，並且拜
>
> 經濟不景氣所賜，味美價廉種類繁多的臺灣小吃也成為顯學。開台
>
> 三百年來伴隨著府城人走過無數歲月的台南小吃，突然之間從平地

〔註166〕王則修：〈野球〉，龔顯宗編，《則修先生詩文集・下・雜篇・一》，臺南市立
圖書館，2004 年 12 月，頁 390。

> 竄起，變成了媒體的寵兒。報紙、雜誌、週刊、電視無不派出一車
> 又一車記者到這個古老的城市來挖掘更多足以填充版面的題材。於
> 是，許多原來的隱流，一夕間成了非吃不可的名店，拿著導覽攻略
> 的觀光客趨之若鶩。〔註167〕

有三百年歷史積澱的臺南，面對著一波又一波人潮，仍舊呈現從容、優雅的城市風貌：

> 城市的集體記憶造就了人的特質，而人群的共同特性又影響了這個城
> 市。台灣沒有一個城市像台南這麼古老從容又頑固，沒有一個城市如
> 此這般地安靜優雅又自我。台南人那種俯首呼吸盡皆歷史所造就的真
> 誠專注與悠閒自信，堅固地抵禦了現代化的急忙與慌亂。〔註168〕

古典詩人筆下的臺南飲食，即是成就現今如此「真誠專注與悠閒自信」的歷史記錄。

　　信仰活動在臺南地區富有深厚的歷史。先民在此開拓定居，奉祀諸神，成為精神上的依靠。各種信仰活動，是臺南民眾生活重心。古典詩人們在此亦留下許多可觀的記錄，皆可作為了解當時社會庶民生活的素材。

　　臺南地區休閒活動在古典詩亦有所呈現：成群盛妝出遊的女子們是街上最引人目光的美麗風景；春暖花開、清明祭祖、迎神、送神，皆是年輕男女們出遊踏青的好時節。棒球運動日治時期的臺南蔚為風潮，古典詩作中亦有生動的呈現。由此觀之，臺南地區兼具有古典與現代元素交融的特質。

〔註167〕DarhBringer：《24hours 吃在台南──台南人的隱藏版美食地圖》，台北：遠足文化事業出版有限公司，2015 年，頁 8。

〔註168〕DarhBringer：《24hours 吃在台南──台南人的隱藏版美食地圖》，台北：遠足文化事業出版有限公司，2015 年，頁 11。

第十一章　結　論

古典詩中對臺南地區的書寫之作相當多，筆者不揣淺陋，試圖說明其梗概，搜羅與臺南地區相關的古典詩，加以分類排列，試圖加以分析，以了解臺灣第一個開發地區的在古典詩上的所呈現的歷史軌跡。

區域特色方面，筆者將臺南地區的地名，在古典詩中的書寫，做一番爬梳、整理，得出「流求」、「毘舍耶」、「雕題」、「北港」、「臺灣」、「東都」、「東寧」、「赤崁、赤嵌」等，在古典詩中皆有稱代臺南地區之例，顯示臺南地區誠為臺灣文化發祥地。

第三章為古典詩對清朝統治的接受與反抗的書寫。明鄭時期與清朝政權相對立，所以在當時有反清復明的詩作。另外，亦有隱居生活的書寫，呈現了明鄭時期詩人心中的複雜及矛盾。明鄭投降後，對清朝統治表示接受的詩作就大量出現，可分為對明鄭的批判及對清政權的讚頌二類，但在沈葆禎請求興建延平郡王祠之後，對明鄭的批判已不復可聞，對清政權的稱頌亦幾不可見。或許因為列強的侵入使時人對臺灣有了憂患之心，對清政權亦不若以往有信心，因而對清政權的謳歌之作，已不可復見。

臺灣在清領時期仍有許多反抗政府的事件，古典詩作的立場皆是立足於贊成清朝政權，是以對各個反抗的事件多加批判。筆者在此文中以四個與府城相關的事件分述之，分別為：朱一貴、林爽文、蔡遷、李石與林恭。

第四章為古典詩對日本統治的接受與反抗的書寫。在馬關條約中，已明文將臺灣割讓給日本。消息傳來，臺地人心惶惶，而有乙未之役，臺灣民主國的成立。然而島內人心不齊，所以反抗軍勢力一一消失。在清朝無力且無法支持的情況下，許多臺人內渡。對日本統治的接受之作，漸漸可見，筆者

概分為四類加以論述：歡迎兒玉督憲南巡頌德詩、慶饗老典、對日本統治政令、政績的讚揚、戰爭時的立場。在反抗的書寫部分，則是分為乙未前後的哀痛之作及對明鄭懷念的書寫，頗有藉懷念明鄭人事物來表達其不忘故國之意。

第五章為古典詩中現代化的書寫。西風東漸，臺南地區亦受風會之趨，在古典詩中亦有現代化事物的書寫，呈現了時代的特色。新事物的出現，往往改變人的生活方式，亦對人的思維模式有所影響。筆者在此分為 12 項，分類排列，分別論述之：電線、砲臺（鋼砲）潛水艇、飛機、輪船、火車、自轉車、自鳴鐘、電燈、眼鏡、製茶機、電話、照片（寫眞）。

臺灣為海島，因此對外交通必須仰賴海洋，在當時對外交通上，荷蘭人選定一鯤身嶼──安平作為發展據點，臺南地區的發展就是與海洋有強烈的相關。因此，在古典詩的領域中，就有了許多以海洋為素材的作品。本文第六章為海洋的書寫，以明鄭時期及清領時期來分別敘述。西方地理大發現時期為 15、16 世紀，而明朝在當時雖躬逢其盛，在航海技術上卻沒有太多的交流。南明時期，鄭成功的出身與海洋有關，其父鄭芝龍曾為臺海上的霸主，其子鄭經亦以臺灣為主要活動範圍。明鄭時期以臺灣為反清復明的基地，以海洋作為天然屏障，臺灣就成為進可攻、退可守的重要區域。所以，古典詩中以海洋為素材的篇什，較以往多了不少。到了清領時期，到臺必經的黑水溝、臺江內海皆為古典詩作中書寫的對象，而海上的奇景，亦是來臺的詩人前所未見，因此發而為詩，成為古典詩作中難得的風景，筆者在此分為四部分加以論述，分別為：海上颶風、海吼、海波流火、海市。

第七、八章為名勝的書寫。筆者針對古典詩與臺南地區地方相關的部分進行整理，第七章為魁斗山與五妃墓、鹽水、虎頭埤及四寺（竹溪寺、法華寺、海會寺、彌陀寺）的探究。第八章則是針對清代臺灣八景詩的地點加以分析，分別為：安平、鹿耳門、七鯤身嶼、斐亭、澄臺、鯽仔潭、關廟。臺南為臺灣開發最早的區域，是以，古典詩在地方的書寫時，處處皆呈現各地皆有含蘊深厚歷史的淵源。

隨著整理、分析的過程，筆者對臺南地區開發的歷史進程有較為深入的了解，也更深刻地體認到：此區乃是臺灣地區歷史積澱最為深厚之處。在發掘它的深厚的過程中，對於這個土地、這個島嶼也不禁產生了更深的情感：這是臺灣歷史的發源之處，先人曾在此處做過如此多的努力，而我個人何其

有幸，能享受成果。滿滿的感動，就是筆者最大的收穫。

臺南地區的人是如何生活呢？他們的生活有何規律性？筆者在第九章對臺南地區的風土習俗及詩人們對臺南人的生活習性做一整理，分為歲時節令的習俗及詩人們對臺灣人的看法。發覺在節令習俗方面，臺南與大陸地區有同異之處，臺灣與中原文化有著難以切割的關係，在習俗上更是可以看到與福建沿海一帶的相類的習俗。歲時節令上，分為 11 個重要節令：元宵、三月三日、五月五日、六月一日、七月七日、七月十五日、八月十五日、九月九日、冬至、十二月二十四日、除夕。此 11 個節日與大陸地區皆有著相似及相異之處。既可感覺到臺灣與中原文化的相承關係，亦可感受到臺灣本地專有的習俗特色。

有關臺人習性的描寫，古典詩大多為負面的評價，筆者以為此乃是因為古典詩的創作者往往為宦遊來臺的地方官員，肩負有治理地方的責任，站在改善風俗的立場上，因此有針砭缺失，營造一個較為理想的社會的寓意。後人基於前人所留下的基礎，多所抒發，亦有期盼社會更加進步之意。

明鄭時期的古典詩作對臺灣風俗少有提及。1661 年鄭氏來臺時，把臺灣視為反清復明的基地，來臺的詩人大多冀望返回大陸，因此對臺地人民的描述甚少。清領初期，對臺灣的印象多為蠻荒之地，陌生的山水，可怕的番人及許多前朝反抗之人的聚集之地，因此對臺地人民的印象都是從教化的觀點出發。臺民習性在古典詩中的呈現可概分為：服裝部分、交通工具為牛車、臺人過於奢侈、好賭、及喜嚼檳榔、好結盟、喜歡吸食鴉片。這些幾乎都是需要改進的習性。

關於服裝的部分，清初古典詩人們多有批判之意，以為臺人服多不衷，多有不得體之處。直至清領後期，此類詩作大致不見。然而，到了日治時期，由於婦女的服飾與以往大不相同，其中以青樓女子妖冶之態，令風流詩人不禁書之於詩；在西風東漸之時，短裙的出現，亦使保守詩人大搖其頭。

臺人陸上交通工具以牛車為代表，臺灣本不產馬，陸上往來多仰賴於牛車。牛車時常於夜間搬運行駛，在夜半之時，宦遊他鄉的詩人聽聞牛車轆轆之聲，別有淒涼之感。清領前期，從臺江內海至臺南府城必須由海運轉陸運，其中因為鐵板沙的地質所致，必須以牛車載運人及貨物，所以牛車載運為臺人生活中相當重要的一個場景。

在清領及日治時期，古典詩對臺人生活奢侈的書寫，時時可見：在服裝

上，有臺南地區人民穿著布料質地高級的衣服及鞋子從事基礎的勞務工作，例如：下田、搬貨……等等；在婚喪喜慶及廟會慶典時，時有浪費奢侈的批判。尤其有關盂蘭盆會花費用度，更是古典詩人常常批判的對象。

另外臺人喜歡賭博的書寫，古典詩作中亦有呈現，或許因為臺灣社會時有動亂，他們歸因於此，認為賭博「則出於典鬻，繼則流於偷竊，實長奸之圖也」，因而對此批判甚深，而多有描述。

本文第十章為飲食、信仰及休閒活動的書寫。臺南地區的發展與海洋關係密切，在古典詩中，具有深厚歷史的傳統美食中，以虱目魚、烏魚、新婦啼及鸚哥魚歷史最為悠久，在康熙時期即有詩作吟詠。再者，日治初期出現的擔仔麵亦與漁夫生活相關，5 月到 9 月為漁家生活較為清閒之時，為了養家活口，在大街上擺攤以度過小月的擔仔麵就應運而生了。如今虱目魚與擔仔麵已成為臺南飲食的代表。

臺南在信仰的呈現上，喜歡以演劇及禳醮來表示敬意，是以在重要的慶神儀式時，就是演劇及禳醮熱鬧登場之時。人潮湧動，樂音不斷，表現了臺人的期盼及對信仰的虔誠，但在宦遊的詩人中，常常認為太過奢侈，而有批判之語。

在信仰的神衹上，鯤身王爺的慶典相當的熱鬧、隆重，居民在儀式進行之時，亦期盼著來年風調雨順、瘟疫遠離之意。媽祖的信仰在臺地亦相當受到重視，每年 3 月，臺南地區亦有媽祖遶境的習俗。另外，臺南地區四鯤身清水祖師廟及學甲保生大帝廟皆是全臺開基祖廟，歷史相當深厚。根據光緒年間《臺遊日記》的記載，保生大帝在臺灣的廟宇最多，可見臺人信仰相當虔誠。學甲的保生大帝廟有「上白礁」儀式，表達對福建泉州同安縣白礁鄉祖居地的緬懷。

休閒活動的部分，古典詩中有許多臺南地區女子喜歡出遊、踏青的描繪，她們手持小傘、半遮面容、精心妝扮，成群結隊的出現，是街上眾所注目的美麗焦點。年輕男女特別喜歡在春天之時，到城南郊外踏青。

日治時期，棒球運動風潮襲捲臺灣，臺南地區亦有球隊及野球協會，在寧南城外亦時有賽事，詩人對此多所描繪，可見棒球運動在臺南淵源亦深。

有關臺南地區的詩作仍然相當多，筆者囿於時間及篇幅之限只能略舉其要。在完成博論之後，筆者仍計畫針對未能敘及的部分繼續努力，對擁有數百年府城風華的臺南略盡心力，為自己家鄉——臺灣的文化源頭尋根。

參考書目

一、專書

（一）古籍

1. 【漢】毛亨傳，【漢】鄭玄箋：【唐】孔穎達等正義：《毛詩正義》，臺北：藝文印書館，1993 年。

2. 【漢】司馬遷：《史記》，臺北：鼎文書局，1982 年。

3. 【漢】班固撰，【唐】顏師古注：《漢書》，臺北市：鼎文書局，1984 年。

4. 【南朝梁】蕭統編：【唐】李善注：《文選》臺北市：華正出版社，2004 年。

5. 【南朝宋】劉義慶編；【南朝梁】劉孝標注：《世說新語》，北京：中華書局 1999 年。

6. 【南朝宋】劉義慶著，【民國】余嘉錫箋疏：《世說新語箋疏》，臺北：華正書局，1989 年。

7. 【明】盧若騰：《島噫詩》，《臺灣文獻叢刊》，臺北市：臺灣銀行經濟研究室，1962 年。

8. 【清】王松著：《臺陽詩話》，《臺灣文獻叢刊》，臺北市：臺灣銀行經濟研究室，1962 年。

9. 【清】阮元撰：《十三經注疏》，臺北市：新文豐，1978 年。

10. 【清】沈德潛選著，王蓴父箋註，劉鐵冷校刊：《古詩源箋註》，臺北：華正書局，2005 年。

11. 【清】沈德潛：《古詩源》，臺北：臺灣商務印書館，1956 年。

12. 【清】李望洋：《西行吟草》，臺北：龍文出版社，1992 年。

13. 【清】李逢時：《泰階詩稿》，收於臺灣先賢詩文集彙刊第三輯之 8 臺北：龍文出版社，2001 年。

14. 【清】郁永河：《裨海紀遊》，《臺灣文獻叢刊》，臺北市：臺灣銀行研究室，1959 年。

15. 【清】朱仕玠：《小琉球漫誌》，《臺灣文獻叢刊》，臺北市：臺灣銀行研究室，1959 年。【清】丁紹儀：《東瀛識略》，《臺灣文獻叢刊》，臺北市：臺灣銀行研究室，1959 年。

16. 【清】姚瑩：《東槎紀略》，《臺灣文獻叢刊》，臺北市：臺灣銀行研究室，1959 年。

17. 【清】林豪：《東瀛紀事》，《臺灣文獻叢刊》，臺北市：臺灣銀行研究室，1959 年。

18. 【清】鄧傳安：《蠡測彙鈔》，《臺灣文獻叢刊》，臺北市：臺灣銀行研究室，1959 年。

19. 【清】孫元衡：《赤嵌集》，《臺灣文獻叢刊》，臺北市：臺灣銀行研究室，1959 年。

20. 【清】蔣師轍：《臺游日記》，《臺灣文獻叢刊》，臺北市：臺灣銀行研究室，1959 年。

21. 【清】朱景英：《海東札記》，《臺灣文獻叢刊》，臺北市：臺灣銀行研究室，1959 年。

22. 【清】劉家謀、王凱泰、馬清樞、何澂等著：《臺灣雜詠合刻》，臺北市：臺灣銀行研究室，1959 年。

23. 【清】唐贊袞：《臺陽見聞錄》，《臺灣文獻叢刊》，臺北市：臺灣銀行研究室，1959 年。

24. 【清】吳子光：《臺灣紀事》，《臺灣文獻叢刊》，臺北市：臺灣銀行研究室，1959 年。

25. 【清】江日昇：《臺灣外記》，《臺灣文獻叢刊》，臺北市：臺灣銀行研究室，1959 年。

26. 【清】倪贊元：《雲林縣采訪冊》，《臺灣文獻叢刊》，臺北市：臺灣銀行研究室，1959 年。

27. 【清】陳維英撰，田大熊、陳鐵厚編輯：《太古巢聯集》，臺北：無聊齋，1937 年。

28. 【清】黃淑璥：《臺海使槎錄》，《臺灣文獻叢刊》，臺北市：臺灣銀行研究室，1959 年。

29. 【清】六十七輯著：《使署閒情》，《臺灣文獻叢刊》，臺北市：臺灣銀行研究室，1959 年。

30. 【清】許南英：《窺園留草》，《臺灣文獻叢刊》，臺北市：臺灣銀行經濟

研究室，1962 年。

31. 【清】陳乃乾、陳洙纂輯：《徐闇公先生年譜》，臺北市：臺灣銀行經濟研究室，1962 年。

32. 【清】劉熙載著，王氣中箋注：《藝概箋注・詞曲概》，貴陽：貴州人民出版社，1986 年

33. 【清】周凱：《内自訟齋文選》，《臺灣文獻叢刊》，臺北市：臺灣銀行經濟研究室，1962 年。

34. 【清】鄭用錫：《北郭園全集》，《臺灣文獻叢刊》，臺北市：臺灣銀行經濟研究室，1962 年。

35. 【清】丘逢甲：《嶺雲海日樓鈔》，《臺灣文獻叢刊》，臺北市：臺灣銀行經濟研究室，1962 年。

36. 【清】董天工：《臺海見聞錄》，《臺灣文獻叢刊》，臺北市：臺灣銀行經濟研究室，1962 年。

37. 【清】陳肇興編纂：《陶村詩稿》，《臺灣文獻叢刊》，臺北市：臺灣銀行經濟研究室，1962 年。

38. 【清】章甫：《半崧集簡編》，《臺灣文獻叢刊》，臺北市：臺灣銀行經濟研究室，1962 年。

39. 【清】林占梅：《潛園琴餘草編》，《臺灣文獻叢刊》，臺北市：臺灣銀行經濟研究室，1962 年。

40. 【清】施士洁：《後蘇龕合集》，《臺灣文獻叢刊》，臺北市：臺灣銀行經濟研究室，1962 年。

41. 【清】吳大廷：《小酉餘山館主人自著年譜》，《臺灣文獻叢刊》，臺北市：臺灣銀行經濟研究室，1962 年。

42. 李鶴田箋釋：《哀臺灣箋釋》，《臺灣文獻叢刊》，臺北市：臺灣銀行研究室，1959 年。

43. 連橫：《臺灣詩乘》，《臺灣文獻叢刊》，臺北市：臺灣銀行研究室，1959 年。

44. 連橫：《劍花室詩集》，《臺灣文獻叢刊》，臺北市：臺灣銀行研究室，1959 年。

45. 連橫：《臺灣語典》，《臺灣文獻叢刊》，臺北市：臺灣銀行經濟研究室，1962 年。

46. 連橫：《雅言》，《臺灣文獻叢刊》，臺北市：臺灣銀行經濟研究室，1962 年。

47. 林朝崧：《無悶草堂詩存》，《臺灣文獻叢刊》，臺北市：臺灣銀行經濟研究室，1962 年。

48. 不著撰人:《天妃顯聖錄》,《臺灣文獻叢刊》臺北市:臺灣銀行經濟研究室,1962年。

49. 吳福員輯:《臺灣詩鈔》,《臺灣文獻叢刊》,臺北市:臺灣銀行經濟研究室,1962年。

50. 吳福員輯:《臺灣文獻關係集零》,《臺灣文獻叢刊》,臺北市:臺灣銀行經濟研究室,1962年。

(二) 方志

1. 【清】高拱乾:《臺灣府志》,《臺灣文獻叢刊》,臺北市:臺灣銀行研究室,1959年。

2. 【清】周元文:《重修臺灣府志》,《臺灣文獻叢刊》,臺北市:臺灣銀行研究室,1959年。

3. 【清】高拱乾:《臺灣府志》,《臺灣文獻叢刊》,臺北市:臺灣銀行研究室,1959年。

4. 【清】王禮主修、陳文達編纂:《臺灣縣志》,《臺灣文獻叢刊》,臺北市:臺灣銀行研究室,1959年。

5. 【清】陳壽祺等人編纂:《福建通志》,《臺灣文獻叢刊》,臺北市:臺灣銀行研究室,1959年。

6. 【清】范咸纂輯:《重修臺灣府志》,《臺灣文獻叢刊》,臺北市:臺灣銀行研究室,1959年。

7. 【清】劉良璧:《重修福建臺灣府志》,《臺灣文獻叢刊》,臺北市:臺灣銀行經濟研究室,1962年。

8. 【清】王必昌纂輯:《重修臺灣縣志》,《臺灣文獻叢刊》,臺北市:臺灣銀行研究室,1959年。

9. 【清】余文儀:《續修臺灣府志》,《臺灣文獻叢刊》,臺北市:臺灣銀行研究室,1959年。

10. 【清】李元春:《臺灣志略》,《臺灣文獻叢刊》,臺北市:臺灣銀行研究室,1959年。

11. 【清】陳文達編纂:《鳳山縣志》,《臺灣文獻叢刊》,臺北市:臺灣銀行經濟研究室,1962年。

12. 【清】盧德嘉:《鳳山縣采訪冊》,《臺灣文獻叢刊》,臺北市:臺灣銀行經濟研究室,1962年。

13. 【清】謝金鑾等纂:《續修臺灣縣志》,《臺灣文獻叢刊》,臺北市:臺灣銀行經濟研究室,1962年。

14. 【清】陳夢林編纂:《諸羅縣志》,《臺灣文獻叢刊》,臺北市:臺灣銀行經濟研究室,1962年。

15. 【清】王瑛曾編纂：《重修鳳山縣志》，《臺灣文獻叢刊》，臺北市：臺灣銀行經濟研究室，1962 年。

16. 不著撰人：《安平縣雜記》，《臺灣文獻叢刊》，臺北市：臺灣銀行研究室，1959 年。

17. 連橫，《臺灣通史》，《臺灣文獻叢刊》，臺北市：臺灣銀行研究室，1959 年。

18. 黃典權、葉英、賴建銘纂修，《臺南市志稿‧人物志‧列傳篇》，台南市文獻委員會，1959 年 2 月。

19. 黃典權主修、許丙丁纂修，《臺南市志稿‧文教志‧藝文篇》，台南市文獻委員會，1959 年 5 月。

20. 黃淵泉編纂，《重修臺灣省通志‧藝文志‧著述篇》，臺灣省文獻委員會，1993 年 1 月。

21. 陳衍，《福建通志列傳選》，臺灣省文獻委員會，1993 年 9 月。

（三）民國以後

1. 吉川幸次郎著，劉向仁譯：《中國詩史》臺北市：明文書局，1983 年。

2. 江寶釵：《嘉義地區古典文學發展史》，嘉義市：嘉市文化，1998 年。

3. 江寶釵：《臺灣古典詩面面觀》，臺北市：巨流圖書公司，1999 年。

4. 東海大學中國文學系編：《明清時期的臺灣傳統文學論文集》，臺北市：文津出版社，2002 年。

5. 林文龍：《臺灣的書院與科舉》，臺北市：常民文化事業有限公司，1999 年。

6. 施懿琳：《從沈光文到賴和——臺灣古典文學的發展與特色》，高雄市：春暉出版社，2000 年。

7. 施懿琳：《全臺詩》（1～30 冊），臺南市：國家臺灣文學館，2013 年。

8. 胡旭：《悼亡詩史》，上海：東方出版中心，2010 年。

9. 廖一瑾（雪蘭）：《臺灣詩史》，臺北市：文史哲出版社，1999 年。

10. 廖春金：《臺灣先賢先烈專輯‧許南英張我軍合傳》，南投市：臺灣省文獻委員會，1998 年。

11. 高亨注：《詩經今注》，上海：上海古籍出版社，1980 年。

12. 徐慧鈺等校著：《林占梅資料彙編——潛園琴餘草》，新竹市立文化中心出版，1994 年。

13. 許俊雅：《瀛海探珠——走向臺灣古典文學》，臺北市：國立編譯館，2007 年。

14. 陳春城：《臺灣古典詩析賞》，高雄市：河畔出版社，2004 年。

15. 陳昭瑛：《臺灣詩選注》，臺北市：正中書局，1996 年。

16. 陳子展：《詩經直解》，臺北市：書林出版社，1992 年。

17. 陳貽庭，《臺灣才子》，北京：九州出版社，2003 年。

18. 郭齊、尹波點校：《朱熹集》，成都市：四川教育出版社，1996 年。

19. 黃典權：《臺南市志・卷七人物志・趙鐘麟傳》，臺北市成文（據民國四十七至七十二排印本影印）臺一版，1983 年。

20. 黃清泉：《新譯列女傳》，臺北市，三民書局，2003 年。

21. 黃美娥：《古典臺灣文學史・詩社・作家論》，臺北市：國立編譯館，2007 年。

22. 黃永武、張高評合著：《唐詩三百首鑑賞》下冊，臺北市：黎明文化事業，1986 年。

23. 葉石濤：《臺灣文學史綱》，高雄市：春暉出版社，2003 年。

24. 傅錫壬《新譯楚辭讀本》，臺北市：三民書局，1984 年。

25. 楊青矗：《臺詩三百首》，臺北市：敦理出版社，2003 年。

26. 鄒同慶，王宗唐著：《蘇軾詞編年校注》，北京：中華書局，2002 年。

27. 廖美玉主編：《臺灣儒學國際學術研討會論文集》，臺南市：成功大學中文系，1999 年。

28. 裴普賢：《詩經評註讀本》，臺北市：三民書局，1982 年。

29. 臺南縣文獻委員會編：《臺南縣志稿》，臺南縣：臺南縣文獻委員會，1960 年。

30. 劉登翰：《臺灣文學史》，福州：海峽文藝出版社，1991 年。

31. 劉昭仁：《海東文獻初祖沈光文》，臺北市：秀威資訊，2006 年。

32. 劉文忠選注：《友誼詩》，北京：人民文學出版社，1989 年 4 月。

33. 盧嘉興原著；呂興昌編校：《臺灣古典文學作家論集》，臺南市：南市藝術中心，2000 年。

34. 盧錦堂，《臺灣歷史人物小傳——明清時期》，臺北市：國家圖書館，2001 年。

35. 戴炎輝《清代臺灣之鄉治》，臺北市：聯經，1979 年。

36. 瀧川龜太郎著：《史記會注考證》，臺北市：萬卷樓，2010 年。

37. 龔顯宗：《臺南縣文學史・上編》，臺南縣：臺南縣文化局，2006 年 12 月。

38. 龔顯宗：《臺灣文學研究》，臺北市：五南圖書，1998 年。

39. 龔顯宗：《沈光文全集及其研究資料彙編》，臺南縣：臺南縣文化局，1998 年。

40. 龔顯宗:《鹿耳門詩選》,臺南:財團法人鹿耳門天后宮文教公益基金會,2000 年。

41. 龔顯宗:《則修先生詩文集》上集、下集,臺南:臺南市立圖書館,2004 年。

42. 龔顯宗:《則修先生詩文集》續編,臺南:臺南市立圖書館,2005 年。

43. 龔顯宗:《沈光文集》,臺南:國立臺灣文學圖書館,2012 年。

44. 龔顯宗:《鄭經集》,臺南:國立臺灣文學圖書館,2013 年。

45. 吳毓琪:《南社研究》,臺南市:臺南市立文化中心,1999 年。

二、學位論文

1. 施懿琳:《清代臺灣詩所反映的漢人社會》,臺灣師範大學國文研究所博士論文,1996 年。

2. 黃淑華:《劉家謀宦臺詩歌研究》,東吳大學中國文學系博士論文,1999 年。

3. 許惠玟:《道咸同時期(1821～1874)臺灣本土文人詩作研究》,中山大學中國文學系研究所博士論文,2006 年。

4. 吳毓琪:《康熙時期臺灣宦遊詩之研究》,成功大學中國文學系博士論文,2006 年。

5. 李知灝:《戰後臺灣古典詩書寫場域之變遷及其創作研究》,國立中正大學中國文學所博士論文,2009 年。

6. 余育婷:《想像的系譜──清代臺灣古典詩歌知識論的建構》,國立政治大學中國文學研究所博士論文,2010 年。

7. 陳愫汎:《澎湖古典詩研究》,國立中山大學中國文學系研究所博士論文,2012 年。

8. 姚蔓嬪:《戰後臺灣古典詩發展考述》,國立臺灣師範大學國文學系博士論文,2013 年。

9. 許俊雅:《臺灣寫實詩作之抗日精神研究:光緒二十一年～民國三十四年之古典詩歌》,國立臺灣師範大學中國文學研究所碩士論文,1986 年。

10. 吳品賢:《日治時期臺灣女性古典詩作研究》,國立臺灣師範大學國文研究所碩士論文,2000 年。

11. 戴雅芬:《臺灣天然災害類古典詩歌研究─清代至日據時代》,國立政治大學中等學校教師在職進修國文教學碩士學位班碩士論文,2002 年。

12. 賴郁文:《吳景箕及其詩研究》,國立雲林科技大學漢籍資料整理研究所碩士論文,2004 年。

13. 張鈺翎:《清代臺灣方志中藝文志之研究》,政治大學中國文學系國文教

學碩士班碩士論文，2004 年。

14. 賴麗娟：《劉家謀及其寫實詩研究》，中山大學中國文學系碩士論文，2005年。

15. 薛建蓉：《清代臺灣本土士紳的角色扮演與在地意識研究──以竹塹文人鄭用錫與林占梅爲探討對象》，成攻大學臺灣文學系碩士論文，2005 年。

16. 高雪卿：《臺灣苗栗地區古典詩研究》中國文化大學中國文學研究所碩士在職專班碩士論文，2005 年。

17. 林麗鳳：《詩説噶瑪蘭，説噶瑪蘭詩──清代宜蘭地區古典詩研究》，政治大學國文教學碩士學位班碩士論文，2005 年。

18. 余育婷：《施瓊芳詩歌研究》，東吳大學中國文學研究所碩士論文，2005年。

19. 蔡清波：《臺灣古典詩自然寫作研究──明鄭時期至清朝時期》，中山大學中國文學系碩士在職專班碩士論文，2005 年。

20. 許玉青：《清代臺灣古典詩之地理書寫研究》，國立中央大學中國文學研究所碩士論文，2005 年。

21. 林麗鳳：《詩説噶瑪蘭，説噶瑪蘭詩──清代宜蘭地區古典詩研究》，國立政治大學國文教學碩士學位班碩士論文，2006 年。

22. 吳青霞：《臺灣三大民變書寫研究──以古典詩文爲主》，成功大學臺灣文學系碩士論文，2006 年。

23. 謝美秀：《李望洋其人及其《西行吟草》研究》，銘傳大學應用中國文學系碩士論文，2006 年。

24. 謝碧菁：《陳維英生平及其詩歌研究》，東吳大學中國文學系碩士論文，2006 年。

25. 楊添發：《陳維英及其文學研究》，銘傳大學應用語文研究所中國文學組碩士論文，2006 年。

26. 陳淑美：《施士洁及其《後蘇龕合集》研究》，政治大學中等國文教學碩士學位班碩士論文，2006 年。

27. 張月女：《章甫生平及其《半崧集》詩歌研究》，逢甲大學中國文學系碩士在職專班碩士論文，2007 年。

28. 林巧崴：《楊守愚古典詩意象研究》，國立彰化師範大學國文學系碩士論文，2007 年。

29. 范文鳳：《鄭用錫暨其《北郭園全集》研究》，中央大學中國文學研究所碩士論文，2007 年。

30. 藍偵瑜：《清代來臺文人之臺灣特殊性書寫研究》，成功大學臺灣文學系碩士論文，2008 年。

31. 黃惠鈴：《清領時期台灣古典詩山岳形象研究》，中興大學中國文學系所碩士論文，2008 年。

32. 楊淑惠：《臺灣古典詩中的玉山書寫》，國立成功大學台灣文學研究所碩士論文，2008 年。

33. 賴貞羽：《李逢時及其詩歌研究》，中山大學中國文學系碩士論文，2009 年。

34. 蔡秋蓮：《清代左營地區古典詩研究》，國立臺南大學國語文學系教學碩士班碩士論文，2009 年。

35. 李佳樺：《楊廷理《知還書屋詩鈔》研究》，逢甲大學中國文學系碩士班碩士論文，2009 年。

36. 王春庭：《日治時期以來臺灣古典詩中的朴子書寫》，國立中正大學台灣文學研究所碩士論文，2011 年。

37. 劉萱萱：《海洋、歷史與風土——台灣古典詩中的澎湖書寫（1661～1945）》，中興大學台灣文學研究所碩士論文，2011 年。

38. 廖珮吟：《《臺灣古典詩雙月刊》之研究》，國立中正大學台灣文學研究所碩士論文，2011 年。

39. 侯依劭：《舊文學新視界：王則修詩文與時代的對話》，國立成功大學台灣文學系碩博士在職專班碩士論文，2011 年。

40. 吳佩卿：《台灣古典詩中之濁水溪書寫》，國立彰化師範大學台灣文學研究所碩士論文，2011 年。

41. 林忠民：《千里沃野，萬民生息——台灣古典詩中的農作物書寫（1683～1945）》，中興大學台灣文學研究所碩士論文，2011 年。

42. 蘇奕瑋：《明鄭時期臺灣遺民詩研究》，雲林科技大學漢學資料整理研究所碩士論文，2011 年。

43. 翁苑宜：《臺灣茶文化之研究——以《全臺詩》中的詠茶詩為例》，雲林科技大學漢學資料整理研究所碩士論文，2011 年。

44. 吳姿燕：《《全臺詩》社會關懷詩作研究——明鄭時期至清領時期》，南華大學文學所碩士論文，2012 年。

45. 王韻琛：《編選、詮釋與展望：現階段台灣古典詩讀本的觀察》，中興大學台灣文學與跨國文化研究所碩士論文，2012 年。

46. 陳凱琳：《日治時期屏東古典詩研究》，國立屏東教育大學中國語文學系碩士班碩士論文，2014 年。

47. 張明正：《臺灣古典詩選本的中部印象研究》，國立彰化師範大學台灣文學研究所碩士論文，2014 年。

三、報紙期刊論文

1. 盧嘉興：〈開臺唯一父子進士施瓊芳與施士洁〉，《臺灣研究彙集》（一），1966 年 12 月。

2. 《施氏世界》創刊號，彰化：世界施氏宗親總會發行，1984 年 10 月。

3. 梁華璜：〈臺灣總督府在福建的教育設施：東瀛學堂與旭瀛書院〉，《國立成功大學歷史學報》第十一號，1984 年 12 月。

4. 沈謙：〈詩與畫的結合——題畫詩〉，《明道文藝》第 289 期，1990 年 4 月。

5. 王甘菊：〈臺南米街父子進士〉，《聯合報》，1992 年 12 月 28 日 17 版。

6. 余昭玟：〈沈光文與臺灣的懷鄉文學〉，《中國文化月刊》，第 243 期，2000 年 6 月。

7. 李嘉瑜：〈殉國殉夫淚有痕——臺灣古典詩對殉節五妃的詮釋〉，《成大中文學報》，第 14 期，2006 年 6 月。

8. 吳淑元：〈論中國古典詩中的真摯情誼〉，《船山學刊》總複第 66 期，2007 年 4 月。

9. 吳毓琪：〈康熙年間臺灣宦遊詩人的情志體驗探討〉，《臺灣文學研究學報》第五期，2007 年 10 月。

10. 徐德智：〈朱仕玠《小琉球漫誌》內容及其宦臺心理—附錄：《全臺詩·朱仕玠》補輯八首〉，有鳳初鳴年刊，第 4 期，2009 年 9 月。

11. 吳毓琪：〈傳媒時代臺灣古典詩壇—日治時期「全臺詩社聯吟大會」的社群文化與文學傳播〉，臺灣文學研究集刊，15 期，2014 年 2 月。

12. 林秀珍：〈沈光文詩文集中建構的臺灣圖像〉，正修通識教育學報，第 11 期，2014 年 6 月。

四、網路資料

1. 中央研究院「漢籍電子文獻」：臺灣文獻資料庫，
   http://www.sinica.edu.tw/~tdbproj/handy1/。

2. 行政院文化建設委員會國家文化資料庫，
   http://nrch.cca.gov.tw/ccahome/index.jsp。

3. 國家臺灣文學館智慧型全臺詩知識庫，
   http://xdcm.nmtl.gov.tw/twp/index.asp。

4. 臺灣文獻叢刊，http://libibmap.nhu.edu.tw/TaiwanWeb/home/index.asp。

5. 數位典藏國家型科技計畫——計畫網站，
   http://cls.hs.yzu.edu.tw/tang/database/index.html。